공정한 스포츠, 행복한 스포츠

국립중앙도서관 출판예정도서목록(CIP)

공정한 스포츠, 행복한 스포츠 / 저자: 이학준. -- 서울 :
시간의물레, 2014
    p. ;   cm

ISBN   978-89-6511-116-0 93690 : ₩10000

스포츠[sports]

692.04-KDC5
796.02-DDC21   CIP2014036417

공정한 스포츠, 행복한 스포츠

이학준 지음

시간의 물레

머리말

이 책은 한국스포츠를 텍스트로 하여 성찰적 읽기와 비판적 읽기라는 분석틀로 한국스포츠의 좌표를 진단해 본 것이다. 그 결과를 통하여 저자는 한국스포츠가 가야 할 방향으로 공정한 스포츠와 행복한 스포츠를 제안하였다.

한국은 세계에서 10위 안에 들어가는 스포츠강국이다. 하지만 경기력에 비해 스포츠윤리는 따라가지 못하는 윤리적 지체현상을 보여주고 있다. 그 결과 스포츠 4대 악과 불공정성 문제가 나타나고 있다.

페어플레이를 실천해야 할 주체가 깨끗하지 못한 모습에 대한 국민들의 실망과 지탄의 목소리가 뜨겁다. 한국 스포츠는 이 같은 현실에 대한 반성과 성찰이 있어야 한다. 시간이 지나면 해결되겠지 하는 생각보다는 근본적인 미래좌표를 수정해야 한다.

그 미래좌표를 저자는 공정한 스포츠와 행복한 스포츠에서 찾아보았다. 공정한 스포츠는 엘리트스포츠가 가야 할 길이고, 행복한 스포츠는 생활스포츠와 학교스포츠가 가야 할 길이다. 공정한 스포츠와 행복한 스포츠는 한국스포츠의 현실적 고민에 답하는 저자의 진단과 처방이라고 할 수 있다.

　공정한 스포츠와 행복한 스포츠의 관계를 본다면, 궁극적으로 우리가 도달하고자 하는 것은 행복한 스포츠이다. 행복한 스포츠를 만들기 위해서는 공정한 스포츠가 전제 되어야 한다. 스포츠가 공정하지 않고 행복한 스포츠를 꿈꾸는 것은 환상일 수 있다. 우리가 꾸는 꿈이 환상이 아니라 현실이 되기 위해서 먼저 실천이 가능한 것부터 시작해야 한다.

책의 구성은 제1부 공정한 스포츠, 제2부 행복한 스포츠로 구성하였다.

　우선, 제1부 공정한 스포츠에서 2장은 비판적 읽기와 성찰적 읽기라는 분석틀에 대한 설명을 시작으로 3장은 한국스포츠의 불공정성 문제에 대한 현실 관찰을 진행하였다. 4장은 한국스포츠의 불공정성 문제의 원인들을 알아보았고, 5장은 공정한 스포츠의 실천과제로 개인윤리로서 체육공부와 사람됨에 대하여 살펴보았고, 사회윤리로서 체육개혁과 공정사회에 대하여 알아보았다.

　제2부 행복한 스포츠는 2장에서 행복의 조건으로 건강, 운동, 쾌락에 대하여 살펴보았고, 3장에서 전인적 건강과 운동 그리고 행복한 삶에 대하여 신체건강과 면역력, 정신건강과 심리적 행복, 사회건강과

공적 행복, 영적 건강과 내적 평화로 구분하여 알아
보았다.

끝으로 책을 출판하는 과정에서 많은 도움을 주신
시간의물레 출판사 권호순 대표님과 편집담당 신정식
대리님께 깊이 감사드립니다. 그리고 가족들이 건강
하여 자신들이 원하는 일들을 하면서 살아가기를 기
원합니다.

2014년 10월 31일

이 학 준

Contents

제1부

공정한 스포츠

1장. 서론

　공정한 스포츠, 공정한 스포츠조직에 대한 관심이 증가한 것은 소치동계올림픽 후 빅토르 안과 관련하여 대통령의 "안현수 선수문제가 파벌주의, 줄 세우기, 심판부정 등 체육계 저변에 깔린 부조리와 구조적 난맥상에 의한 것은 아닌지 되돌아봐야 한다"(2014. 2. 13)는 말과 연관성이 높아 보인다.

　빅토르 안에 관련된 파벌주의, 스포츠비리 등이 개선해야 할 문제로 제기되었다. 그 결과 문화체육관광부가 발 빠르게 대처하는 차원에서 대한빙상연맹 감사와 스포츠 4대 악(입시비리, 편파판정 및 승부조작, 폭력과 성폭력, 조직사유화를 뿌리 뽑기)을 척결하기 위한 제도적 장치를 마련하였다.

"문제가 발생하면 제시되는 해결방안들은 매번 되풀이되는 방법들이다(문화일보, 2014. 4. 2)."그 제도의 용도는 다른 문제가 발생하기 전까지 유통기간은 유효하다. 왜냐하면 근본적이기보다는 임시방편적인 대안들만 제시하고 있기 때문이다. 이러한 문제가 발생하면 개인의 도덕적 자율성과 사회의 제도적 강제력을 통해서 해결하려는 노력이 있어야 한다.

그동안 체육계는 공정한 스포츠를 만들기 위해 끊임없는 노력을 해왔다. 2012년 문체부 외 5개 기관이 '공정하고 투명한 스포츠 환경 조성', 2013년 문화체육관광부가 '스포츠비전 2018 스포츠로 대한민국을 바꿉니다', 2014년 문화체육관광부와 스포츠 3.0위원회가 '대한민국 스포츠, 길을 묻다'라는 과제로 지속적인 개혁을 진행해오고 있다.

우리나라 체육계의 현실을 관찰해 보니, 체육계가 총체적 위기이다. 학교 체육은 기능만을 교육하고 있고, 사람됨을 위한 공부는 없다. 학생선수를 선발하고 육성하기 위한 교육이 전부처럼 보인다. 학생선수는 공부는 멀리하고 오직 운동에만 매달린다. 그래서 '공부하는 학생선수 만들기'가 체육개혁을 위한 과제로 주목받고 있다. 그럼에도 불구하고 학교는 운동만 하는 학생선수를 양산하려 하고, 반면에 학생들은 체육은 멀리하고 공부에만 집중하려 한다.

대학교는 문제가 더 심각하다. 세미프로화 되어 있는 대학스포츠는 학교 간의 경쟁만을 부추기는 스포츠로 변질되어, 아마추어 대학스포츠의 모습을 발견하기 어려워졌다.

프로스포츠는 승부조작으로 혼란스럽다. 돈이 되는 스포츠가 넘쳐나고 있다. 돈과 실용만을 최고의 가치로 평가하는 것은 신자유주의 논리가 작동하고 있기 때문이다. 모든 것이 돈으로 평가된다. 그 가운데 선수들의 인간에 대한 존엄성은 사라지고, 경기 결과만이 모든 것을 말해준다. 과정은 이미 사라지고 결과만을 최고로 인정한다.

그 결과 프로스포츠는 승부조작이 가능함을 엿볼수 있다. 한마디로 도박사들에게 놀아나는 선수와 스포츠가 된 것이다.

승부조작은 운동을 처음으로 하는 초등학교부터 지도자들에 의해서 학생들에게 강요되어 왔다. 너무 일찍부터 선수들은 승부조작에 노출되었고, 그 결과 승부조작에 대하여 도덕적 불감증에 걸리게 되었다. 이러한 총체적 위기를 극복할 수 있는 방법은 공정한 스포츠뿐이다.

공정한 스포츠를 위해서는 성찰적 비판이 필요하다. 우리 모두가 생각해 봐야 할 우선적인 문제는 자기 성찰과 구조개혁이라고 할 수 있다.

우선, 저자(2009b)는 자기 성찰을 위해서 『체육공부, 사람됨을 향한 몸부림』이라는 저서를 통해서 사람됨을 향한 체육공부가 우선 되어야 함을 역설한 바가 있다. 하지만 개인의 문제 해결만으로 모든 것이 해결될 수 있다는 안일한 생각도 금물이다.

법으로 정해 강제력을 행사할 수 있는 제도개혁이 따라주어야 한다. 체육인의 도덕적 자율성과 제도적 강제력의 조화가 공정한 스포츠, 공정한 스포츠조직을 성공적으로 이끌 수 있다. 그러나 한 가지만 가지고 공정한 스포츠를 성공하기에는 무모한 도전이라고 할 수 있다.

이 글이 체육계에 대한 거리두기와 낯설게 보기를 통해서 현장의 목소리에 귀를 기울이고, 현장을 이해하며 체육개혁을 위한 정책과 제도마련에 도움이 될 수 있었으면 한다. 지금보다 더 나은 체육계가 되기 위한 무한도전 그리고 제도개혁과 쇄신이 필요하다. 승부조작, 운동부 지도자의 비윤리적 행위, 파벌문제, 폭행문제, 체육 단체의 사유화, 체육대학의 입시비리가 표면에 드러나고, 체육인이 비상식적인 사람으로 미디어에 보도되는 것에 자괴감과 부끄러움이 앞을 가린다.

모든 스포츠비리 문제를 제도개혁을 통해서 해결하려는 제도만능주의에 빠져서는 성공할 가능성이 높지 않다. 사람이 변하지 않는 한 아무리 좋은 제도가 마련되어도 변화를 기대할 수 없다. 사람이 희망인 이유가 여기에 있다.

이번 '세월호 참사'도 인재라고 할 수 있다. 선장의 판단력과 도덕성, 리더십이 여러 사람을 살리고, 죽일 수 있다는 점을 목격할 수 있었다. 아무리 제도적 장치가 훌륭해도 사람이 변하지 않으면 소용이 없다. 우리가 사람의 변화에 대한 관심을 가져야 하는 이유이다.

스포츠 또한 부조리 현실을 관찰하고, 분석틀로서 비판적 읽기와 성찰적 읽기를 통해서 공정한 스포츠로 거듭나기 위한 방법을 알아보기로 하자.

2장. 비판적 읽기와 성찰적 읽기

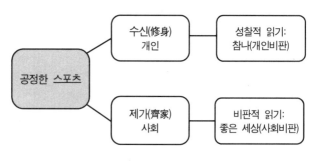

[그림 1] 공정한 스포츠의 구조

　여기서는 개인윤리와 사회윤리에서 사용했던 연구 방법을 구체화하여, 비판적 읽기와 성찰적 읽기라는 방법을 창안하여 [그림 1]과 같이 '공정한 스포츠의 구조'라는 분석틀을 사용하였다. 개인윤리와 사회윤리의 구분은 주체와 구조의 차이로 나눌 수 있다. 도덕적 자율성은 주체로서 개인에 주목할 수 있고, 반면 도덕적 강제력은 제도(구조)에 집중하는 것이다. 더 쉽게 풀어보면 자율과 타율의 차이라고 할 수 있다. 인간의 도덕적 행위가 자율적 행위인가 아니면 타율적 행위인가로 구분할 수 있다.

이러한 방법은 저자가 〈대학〉, 〈논어〉, 〈맹자〉, 〈중용〉이라고 하는 사서(四書) 중에 하나인 〈대학〉에 나오는 다음의 문장에서 아이디어를 얻었다.

> 大學之道 在明明德 在新民 在止於至善,
>
> 格物致知 誠意正心 修身齊家治國平天下
>
> 대학의 길은 명덕(양심)을 밝히고, 백성을 새롭게 하고, 지선(최고선)에 머무르는 데 있다. 현상을 탐구하여 앎에 이르며, 뜻을 성실하게 하고, 마음을 바르게 한다. 몸을 닦고 가정을 편안하게 하고 나라를 다스리고 세상의 평화를 이룬다.

라는 문장에서 아이디어를 얻었다. 修身(자아 성찰)은 참 나에 도달하는 데 목적이 있고, 齊家(사회개혁)는 좋은 사회를 형성하는 데 목적이 있다.

이를 간단하게 정리하면 두 가지 차원으로 구분된

다. 성찰적 읽기는 자아 성찰이고, 비판적 읽기는 사회개혁이다. 어떤 문제(사태)가 발생하면 현실적인 관찰을 통해서 무엇이 문제인가를 진단하는 것이 우선이다. 진단에서 문제의 원인을 개인과 구조(제도)에서 찾아야 한다.

개인윤리적 차원과 사회윤리적 차원으로 구분하여 성찰적 읽기와 비판적 읽기를 하는 것은 문제 해결을 위한 하나의 방법이다. 비판적 읽기는 문제의 원인이 제도에 있다는 것에 착안하여 읽어내는 방법이며, 제도개혁을 통해서 체육개혁을 실현하는 방법이다. 반면에 성찰적 읽기는 자기 성찰을 통해서 참된 나에 도달하는 것이다. 이 둘이 만나 공정한 스포츠, 공정한 스포츠조직이 만들어질 수 있다. 이를 위하여 한국스포츠의 불공정성 문제에 대한 현실 관찰을 시작해보았다.

3장. 관찰로 본 스포츠의 불공정성

　우리 사회의 현실을 관찰하면 스포츠비리라고 할 수 있는 다양한 사건들을 볼 수 있다. 이러한 사건들은 체육계의 문제만이 아니라 한국사회 전체의 문제라고 할 수 있다. 그 이유는 사회와 스포츠가 상호작용하기 때문이다. 그런데 현실은 유독 체육계의 문제라고 보도되고 있을 뿐이다. 이 문제의 핵심은 근대화 과정에서 경험했던 압축성장의 결과라고 할 수 있다.

　고도성장과 발전을 가져왔지만 '윤리적 지체' 현상으로 윤리가 경제발전 속도를 따라가지 못해서 나타난 결과라고 할 수 있다. 스포츠문화 역시 메달과 기록에만 집착한 결과라고 할 수 있다. 한국은 스포츠강국이지만 스포츠윤리는 다른 스포츠강국들에 비해 큰 차이로 뒤처져 있다. 스포츠강국만을 지향한 것은 가난한 나라에서 선택할 수밖에 없는 당위의 일이었다면 이제는 스포츠선진국으로 선회하는 것이 필요하다.

우리에게 금메달 하나가 중요한 게 아니라, 정부의 스포츠 복지에 대한 관심과 투자를 통해서 스포츠선진국에 얼마만큼 가까이 다가갈 수 있는 가이다. 스포츠선진국으로 가는 길에서 스포츠조직의 불공정 문제는 한국스포츠가 스포츠선진국으로 도약하는 데 반드시 척결하고 넘어가야 할 일이다.

스포츠비리와 불공정을 해결하기 위하여 정부 차원에서 스포츠 4대 악 비리척결의 의지를 보여주고 있다. 스포츠 4대 악이란, 승부조작과 편파판정, 선수(성)폭력, 체육대학 입시비리, 체육 단체 사유화 등이다. 이외에도 다양한 비리와 부조리가 있겠지만 집약해서 정리할 수 있는 문제이다. 각기 다른 문제라고 보이지만 내부적으로 깊이 연결되어 있다. 더욱 구체적인 내용은 다음 장에서 알아보기로 한다.

[그림 2] 스포츠 4대 악

1. 승부조작과 편파판정

스포츠에서 승부조작은 초등학교 시절부터 시작된다는 얘기는 가히 충격적이다(머니투데이, 2014. 4. 1). 처음 스포츠를 시작할 때 지도자로부터 스포츠비리를 배우고 체화하고 있다는 것이다. 어려서부터 스포츠비리는 익숙한 것으로 별다른 거부반응을 보이지 않게 되는 이러한 현상은 잘못된 조기학습의 결과라고 할 수 있다. 승부조작이 잘못이라는 생각보다는 승리를 위해 또는 감독의 지시로 조작할 수 있는 것으로 생각하고 있다.

감독은 선수의 인성이 중요하다고 지적하면서 모범을 보여야 할 위치에서 한창 보고 배우고 있는 학생들에게 승부조작을 지시하는 것은 비교육적 행위이다. 승부조작은 경기 일부라고 인식하게 하고 죄의식을 가지지 않도록 하는데 문제의 심각성이 있다. 승부조작은 명백히 잘못되었는데 잘못에 대한 불감증은 도덕 불감증을 만들어 버린다. 왜 잘못된 행동인지 인지하지 못하게 만들 수 있다는 것이다. 승부조작이 중요하지 않다고 느끼도록 너무 일찍 사회화된다는 점이다.

승부조작이 왜 문제가 되는지에 대한 죄책감이 없기에 손쉽게 유혹에 넘어간다. 승부조작은 어느 날 갑자기 생겨난 것이 아니라 오랫동안 지속되어온 일종의 비정상적인 관행 같은 일이다. 대학 입학을 앞둔 선수들 사이에서 서로 대학진학을 돕기 위해서 혹은 상생하기 위해서 상대 선수에게 져준다거나 아니면 기권을 해서 상대 선수가 우승할 수 있도록 양보하는 문화가 관행처럼 행해지고 있다. 최선을 다한 경기보다는 서로 배려하여 승리를 조율하는 것은 승부조작의 또 다른 모습이다.

심지어 학부모들이 개입하여 승부를 담합한다는 사실이다. 모두가 명문대학을 진학시키기 위해서는 체육특기생 자격을 얻어야 하는데, 같은 운동을 하는 입장에서 대회 성적이 좋지 않으면 사전 조율을 통해서 체육특기생 자격을 얻을 수 있도록 돕는다. 그것이 상부상조라고 생각한다. 그것을 보고 배운 학생들은 모든 경기에 최선을 다하기보다는 경기의 중요성에 따라서 경기를 하는 것을 당연하게 생각하도록 길들여진다.

최근의 프로스포츠에서 발생한 승부조작은 도박사들에 의해서 선수들이 연루되어 행한 것으로 나타났다. 스포츠도박이 일상화되고 그것을 통해서 성실하게 일하지 않고도 엄청난 돈을 벌 수 있다는 심리가 작동해서 나타난 결과이다. 지인들을 통해 경제적으로 어려움을 겪고 있는 선수들을 유혹해서 승부조작에 가담하게 만들고 그 이익을 챙기는 전형적인 사건이다.

그동안 스포츠 승부조작의 실태와 대처방안, 형사책임, 언론보도 분석에 관한 연구들이 있었다(강구민, 2011; 김병국, 2013; 박상기, 2011; 노재선, 2013; 이의주, 2009; 손석정, 2013; 서경화, 2013).

K리그 승부조작사건을 계기로 우리나라 스포츠 경기의 승부조작이 다시 한 번 사실로 드러났다. 그리고 승부조작의 배후에 폭력조직이 개입한 사실도 드러나면서 특히 프로 스포츠가 이제 폭력조직의 사업장화 되는 상황을 맞이하게 되었다. 선수들의 입장에서는 낮은 연봉으로 인한 경제적 어려움을 벗어나기 위해서 폭력조직의 회유와 협박에 넘어가 대가를 받고 승부조작에 가담하게 된다(박상기, 2011).

열악한 상황에 놓여있는 선수들을 상대로 전문도박사 혹은 조직 폭력배가 돈을 빌려주고, 그것을 미끼로 선수에게 부탁이나 강요를 통해서 승부조작에 가담하게 만들고 있다. 빌린 돈을 제때에 갚지 못하면 조직폭력배의 공갈과 협박을 받을 수밖에 없다. 처음부터 조직폭력배와 관련된 일에 관여하지 말아야 한다. 잘못된 만남으로 지속적인 승부조작에 빠져들 수 있다.

승부조작에 관련된 자들은 국민체육진흥법 규정뿐만 아니라, 형법상 승부조작에 가담한 자들에게 행위 주체별로 사기죄, 업무방해죄, 배임죄 등을 적용할 수 있다(강구민, 2011). 스포츠 승부조작의 원인은 대회 성적, 대학진학, 금품수수, 불법도박 등으로 분류할 수 있다(손석정, 2013).

이처럼 경제적으로 어려운 상황에 있는 선수들에게 도박사들이 접근하여 금전적 이익과 도움을 주면서 선수를 장악하고 조정하게 된 결과이다. 어려서부터 승부조작을 보고 해왔기 때문에 한 번 정도 하는 것에 대하여 크게 죄의식을 갖지 않고 자연스러운 일로 생각한다는 것이 더 큰 문제이다. 도덕 불감증이 만연되고 있어서 승부조작을 근절하는 것은 쉽지 않아 보인다.

정부의 척결 의지와 더불어 선수들의 인식전환을 위한 방법들이 마련되어야 한다. 아무리 제도적 장치가 잘 만들어져도 사각지대가 존재하고 그것을 악용하는 사례가 줄지 않을 것이다.

승부조작을 근절할 수 있는 가장 좋은 방법은 승부를 조작하는 것은 치욕이며, 불명예라는 것을 선수들에게 인식시키는 일이다. 선수들이 자기 성찰을 통해서 승부조작을 하지 말아야 한다는 의식으로 계몽되어야 한다. 승부조작이 왜 나쁘고, 왜 하지 말아야하는지에 대한 명확한 이해가 필요하다.

승부조작에 가담한 선수들에 대한 처벌 논란이 제기되었다. 프로축구는 승부조작에 가담한 선수를 영구적으로 제명하였다. 그 결과 죄의식으로 자살을 선택한 선수도 있었고 가정주부를 납치하는 사건도 발생하였다. 대한축구협회는 승부조작을 원천봉쇄하기 위한 방안으로 극단적인 처방을 내린 것이다. 뿌리째 뽑기 위한 방안으로 영구 제명을 시킨 것이다. 하지만 우리가 돌아봐야 할 것은 초등학교부터 축구만을 해온 선수에게 갑자기 축구를 하지 못하게 하는 것은 한 인간에게 가혹한 행위일 수 있다. 재기할 수 있는 기회를 주는 것도 한 방법이지만 여론과 국민을 의식해서 대한축구협회의 잘못을 피해가기 위한 처방이라고 볼 수밖에 없다.

음주운전도 3진 아웃제를 적용하고 있는데 선수들의 승부조작에 대해서도 일정한 기회를 줘서 회복할 기회를 만드는 것이 필요하다. 승부조작에 가담한 선수도 피해자이다. 승부조작을 척결하기 위한 다양한 방법을 모색하지 않고 손쉬운 방법이라고 할 수 있는 영구 제명을 한 것은 다시 한 번 숙고해 봐야 할 문제이다.

사전에 승부조작을 하게 되면 어떤 처벌을 받게 되며, 심지어는 선수생활을 영원히 중단해야 한다는 사실을 선수들에게 인지시켜야 한다. 그런데 사건이 발생하고 나서 근절시키기 위한 방법으로 경고과정 없이 선수를 영구 제명시키는 것은 올바른 방법이 아니다.

또 다른 스포츠 4대 악은 파벌과 편파판정이다. 쇼트트랙 안현수 선수의 러시아 귀화를 계기로 스포츠계의 파벌문제는 제기되었다. 특히 소치 동계올림픽에서 안현수 선수의 활약을 보고, 박근혜 대통령의 스포츠계 고질적인 파벌문제를 청산하라는 지시에 따라서 문화체육관광부와 대한체육회의에서 대처방안을 내놓았다. 대한빙상연맹의 감사와, 스포츠 4대 악 근절을 위한 방법들이 만들어졌다.

용인대, 경희대, 한국체대 등 특정 대학 등을 중심으로 형성된 파벌은 공정한 게임을 방해한다는 점에서 무엇보다 심각한 문제다. 출신 학교가 같은 선수들이 단결하여 동문의식을 강화해 왔다. 파벌주의가 공정한 스포츠를 훼손시키는 대표적인 주범이다. 공정하지 않은 경기에서 승리했다고 해서 그것이 진정한 승리라고 할 수 없다. 파벌이 문제가 되는 것은 다음과 같은 이유 때문이다.

파벌은 배타적이고, 자기집단 중심적이며, 불투명하고, 비민주적이며, 위계적 계급질서의 정점에 있는 리더가 모든 것을 결정한다는 점에서 민주적 의사결정 구조를 지닌 평등한 사람들의 개방적 모임인 일반적 집단과는 확연히 구분된다. 게다가 일반적인 집단이 상황이나 맥락에 따라 변동성을 지니는 반면, 파벌은 한번 형성되면 좀처럼 변화하지 않는 고착성과 경직성을 지닌다는 특징이 있다. (영남일보, 2014. 2. 24)

공식적으로 은퇴를 선언한 이규혁은 빙상계 파벌에 대하여 다음과 같이 말한다.

줄서기 잘못하면 언제든 찬밥 신세가 될 수도 있다는 표본을 보여준 것 같아 후배들 볼 면목도 없다. 나랑 같은 대학을 나와야 내 후배고, 내가 교수로 있는 대학을 나와야 내 제자라는 식의 이상한 파벌을 나는 도무지 받아들일 수가 없다.

(중앙일보, 2014. 4. 8).

이러한 지적은 빙상계뿐만 아니라 대한민국 체육계에 파벌이 심각함을 엿볼 수 있다. 빙상을 하면 모두가 스승이 될 수 있고, 제자가 될 수 있다. 그런데 특정 학교를 나와야 가능하다는 것은 학벌 사회의 폐단을 볼 수 있는 한 단면이다. 이것은 그동안 공정한 게임이 없었다는 것을 단적으로 보여주는 것이다.

국가대표는 공정한 선발을 통해서 선발되어야 하는데도 불구하고 보이지 않는 파벌에 의해서 편파판정이 행해질 수 있다는 것은 문제가 심각하다. 특정 대학 출신이 협회 임원의 다수를 차지하고, 심판이 되어 동문 선수에게 유리한 판정을 할 개연성이 높다. 팔은 안으로 굽을 수밖에 없다. 파벌주의가 얼마나 무서운 것인지 잘 알고 있다. 국가를 위한 것이 아니라 개인과 조직의 이익을 위하여 행해지기에 그 피해가 심각하다고 할 수 있다.

편파판정은 의도된 오심으로 선수들의 의욕상실과 도전정신을 상실하게 한다는 점에서 척결해야 할 문제이다. 특히 운동을 처음 시작하는 어린 학생들에게 큰 상처를 줄 수 있다. 승부의 결과가 어른들의 의해서 좌지우지될 수 있다는 것을 알면 낙심과 절망감이 더 클 것이다.

열심히 노력했는데도 불구하고 파벌에 의해서 작동되는 편파판정은 운동을 중도에 포기하게 만들고 선수자원을 부족하게 한다. 선수자원을 많이 확보하고 그 중에서 대표선수를 선발하는 것이 국제경쟁력과 경기력을 높일 수 있는 길이다. 하지만 현실은 특정 학교의 보이는 않는 파벌, 학연, 지연을 통해 외압으로 편파판정이 진행되고 있다.

공정한 판정으로 공정한 스포츠를 만들어 가려는 심판과 선수, 지도자의 의지가 중요하다. 심판의 불공정 행위를 묵인하지 말고 감시하고 견제할 수 있는 대항력이 필요하다. 심판들이 감시를 받고 있다고 생각한다면 심판들의 편파판정을 자리 잡을 수가 없다. 편파판정 행위가 늘어나게 되면 심판을 영구 퇴출시키는 방법도 생각해 볼 수 있어야 한다. 이외에도 심판이 직업인가 혹은 봉사인가를 생각해 봐야 한다.

심판이 외압에 흔들리는 것은 그들이 경제적으로 자립하지 못하고 있으며, 혈연·학연·지연을 초월할 수 있는 도덕성을 갖추지 못했기 때문이다.

결국 파벌과 승부조작은 밀접한 관계가 있다는 것을 알 수 있다. 특정 학교 출신으로 구성된 협회와 그 협회에서 대진표와 심판배정을 하고 있기에 영향력을 행사할 수 있는 사람이 심판에 배당받게 되면 경기를 치르지 않고도 결과는 불 보듯 뻔 한일이다. 학연·지연·혈연이라는 관계망을 극복하지 못하면 모든 대안들은 일시적인 미봉책이 될 수밖에 없다.

2. 선수 (성)폭력

국가인권위원회에서 2008년 조사한 바에 따르면, 전체 조사대상자의 79%가 폭력을 경험한 것으로 나타났다. 폭력을 행사하는 자는 코치, 감독, 선후배, 친구가 그 주종을 이루고, 선배의 폭력이 가장 심한 것으로 나타났다. 폭력의 장소는 훈련장소와 합숙장소가 95% 이상을 차지했다. 폭력에 대한 대처방식은 매우 소극적이었다. 폭력은 범죄 행위임에도 불구하고, 학교운동부에서는 교육의 일종으로 간주하였다

(정승재, 2012).

초등학교 학생선수 인권상황 실태조사에 의하면 (2006), 전국 초등학교 학생선수 746명을 대상으로 설문조사를 한 결과 언어적 폭력은 554명(74.3%), 신체적 폭력은 559명(74.9%), 성적 폭력은 111명 (14.9%)으로 조사되었다. 조사대상 4명 중 3명은 언어적 폭력과 신체적 폭력을 경험한 것으로 볼 수 있다. (국가인권위원회, 2006)

그동안 학생선수의 체벌과 폭력 문제에 관한 연구들은 꾸준히 있었다. 선행 연구들 대부분이 폭력의 실태와 문제점 그리고 해결방안에 대하여 연구하였다 (강신욱, 2004; 권순용, 나영일 외, 2011; 권현수, 2011; 김선종, 신현규, 2003; 김영갑, 김동규, 2001; 김재원, 2005; 송우엽, 2003; 심향보, 2005; 유광욱, 2007; 이남미, 이홍구, 2009; 이성철, 2009; 이학준, 2007; 이홍구, 2011; 임용석, 2010; 정승재, 2012; 최병운, 2009; 최윤희, 정용철, 2012; 한승백 외, 2009; 함정혜, 1997; 함정혜, 박현애, 2007; Jeong, Eugsun, 2002).

선행연구들이 제시한 대안은 다음과 같다.

일일 수업시수 결손 보충, 학습권 보장, 폭력행위 예방문제에 대한 대안으로 학교별 전국대회 참가를 연 2회로 제한하며 방학을 이용한 전국규모대회 횟수를 단계적으로 축소하며 주말을 이용한 권역별 리그제로 활성화 시킨다는 내용이다.

우리 사회에서 스포츠 성폭력이 본격적으로 논의되기 시작한 것은 2007년 발생한 우리은행 여자프로농구팀 감독의 여성선수 성추행 사건과 2008년 초 KBS 시사 기획 〈쌈〉의 "2008 스포츠와 성폭력에 대한 인권보고서" 보도가 있고 난 후이다. 이후 국가인권위원회가 이화여대 산학협력단에 의뢰하여 운동선수를 대상으로 조사한 결과에 의하면, 전체 조사대상자의 63.8%가 성폭력 피해를 겪은 것으로 나타나 충격을 주었다. 이러한 현실에도 불구하고 스포츠계의 폐쇄성으로 인해 성폭력 실태를 정확하게 파악할 수 없는 게 현실이며, 이렇다 할 대책이 마련되어 있지 못한 것 또한 현실이다.

스포츠 성폭력은 스포츠계의 조직 특성상 매우 은밀하게 발생하는 경우가 많으며, 그 대상도 지도자와 제자(학생) 간, 선후배 간, 동료 간 등 복잡한 구조 속에서 발생한다. 이는 스포츠계의 불평등한 권력구조, 위계적인 폭력문화와 구조적으로 연관이 있다. 이러한 스포츠계의 구조를 이해하는 측면에서 성폭력에 대한 대책도 수립되어야 한다(윤상민, 2011; 문화연대 성명서, 2004. 11. 16; 2008. 12. 17; 한겨레신문, 2008. 3. 14; 2008. 5. 17; 2011. 5. 8).

선수폭력은 지도자의 생존권 문제, 승리지상주의가 작동하는 결과주의, 학부모들이 폭력을 묵인하고 침묵하는 태도, 폭력을 당연하게 생각하는 학교스포츠 문화에 그 원인이 있다.

특히 선수폭력을 당연하게 생각하는 인습적 사고는 첫 번째 체벌(폭력)은 경기력과 깊은 관계가 있다는 편견, 두 번째 학부모들이 지도자의 폭력을 묵인해 주는 관행, 세 번째 선수들의 집중력 문제 등에서 찾을 수 있다. 선수폭력의 대안은 지도자가 교육자라는 인식, 폭력 사용에 대한 숙고, 그리고 부버(Martin Buber)의 말처럼 '나와 그것'의 관계가 아니라 '나와 너'의 동등한 인격적 만남에서 찾을 수 있다. 이를 통해서 선수들로부터 마음에서 우러나오는 권위와 존경을 받을 수 있다면, 폭력을 사용하지 않고도 얼마든지 좋은 경기와 결과를 얻을 수 있다(이학준, 2013).

폭력은 폭력을 당연하게 생각하는 뿌리 깊은 관행과 온정주의에 의한 인습적 사고로 인하여 사라지지 않고 있다. 대안은 선수들과 지도자의 폭력예방과 척결에 대한 강한 의지와 제도적 장치로써 교육과 구체적인 처벌방안을 마련하고 실행하는 데 있다.

폭력을 관행으로 당연하게 생각하는 것에서 벗어날 수 있는 길은 탈 인습적 사고이다. 탈 인습적 사고란 '왜 당연한가?'에 대한 비판과 성찰을 하는 태도에서 찾을 수 있다. 이러한 태도는 선수나 지도자, 학부모들에게 모두 요구된다(이학준, 2013).

3. 체육대학 입시비리

체육계 학교 입시비리는 감독의 체육특기자 선발 문제, 입학실기시험의 공정성 문제, 체육특기자의 동일계 진학문제, 입학 수험생의 도핑문제 등이 있다(정재용, 최영래, 2010; 이학준, 2012; 서울신문, 2002. 11. 22; SBS 뉴스, 2014. 3. 7).

가장 빈번하게 발생하는 문제는 감독이 체육특기자 선발권을 독점하고 있기 때문에 나타나는 대표적인 비리이다. 감독의 체육특기자 선발에 대한 감시와 견제가 있어야 척결될 수 있다. 선발 권한을 감독이 독점하게 되면 비리가 발생할 개연성이 높아진다. 견제할 수 있는 대항력이 있어야 비리를 예방할 수 있다. 선수선발 문제는 다양한 인원이 참여하고, 다양한 방법으로 선발하는 것이 좋다. 가장 좋은 방법은 선수들의 실력을 공개 평가해서 선발에 반영하는 것이다.

다음의 사례를 보자.

2012년 초에 감사원이 지난 3년 동안 이뤄진 서울과 수도권 대학의 체육특기자 선발을 감사한 결과, 대학 9곳에서 선수 72명을 미리 뽑기 위해 29억 원이나 쓴 것으로 밝혀졌는데, 대학들은 가지도 않은 해외 전지훈련을 갔다 온 것처럼 서류를 꾸며 뒷돈을 마련했다고 한다. 또한 보도된 바에 따르면, 체육특기생이 명문대에 입학하려면 적게는 수천만 원에서 많게는 억 단위까지의 돈이 필요하다는 게 거의 기정사실화되어 있다고 한다. 성균관대학교에서는 체육특기자 입시전형에서 국내 대학 최초로 '완전공개경쟁'을 도입하기로 했다. (뉴시스, 2012. 5. 1).

또 하나 우리가 주목해야 할 문제는 실기시험에서 도핑을 사용하는 문제이다. 이러한 문제는 입학실기시험의 공정성 문제와 관련이 있다. 지금과 같이 수험생을 상대로 한 도핑검사가 부재했던 상황에서 도핑을 통해서 입학을 하였다면 도핑을 하지 않은 일반학생들과 공정성이 문제가 될 수 있다. 심지어 도핑문제는 소방공무원, 경찰공무원 체력심사에서도 사용되는 것으로 보고되고 있다.

도핑의 사각지대이다. 알고도 묵인하는 결과가 될 수 있다. 체육대학 입시학원에서 합격률을 높이기 위해서 학생들에게 권유하는 것도 있고 학생이 입학을 위해 약물에 의존하는 경우도 있다. 어떻게 되었든 대학에서 도핑검사를 하지 않는 이상 도핑은 사라지지 않고 존재할 것이다. 0.1초가 합격의 당락을 결정한다면 약물의 힘을 빌려서라도 얻어내려고 한다. 좋은 방법은 도핑검사를 하는 것인데 검사에 따르는 비용과 충분한 시간을 필요로 하는 문제가 있다.

체육특기자 동일계 진학제도의 문제에 대한 해법은 체육특기자의 학과 선택의 자유와 배울 권리를 보장하는 차원에서 찾을 수 있다. 우선, 2000년부터 체육특기자들은 동일계 진학이라는 제도가 만들어졌다. 이전에는 선수가 원하는 학과로 진학할 수 있었다. 우리가 알고 있는 유명선수들의 출신 학교를 보면 다양하다는 것을 알 수 있다. 분명 선수들의 선택의 자유와 배움의 권리를 보장한 제도였다. 그러나 문제가 있었다. 선수들이 소속된 학과에서 선수관리의 어려움이 제기되었다. 그 결과 동일계지원제도가 만들어졌고 대학의 학과들과 관계자들은 이를 환영하였다. 운동선수들이 체육계열학과에 진학하는 것이 당연하다는 생각을 할 수 있지만, 문제가 심각하다는 것을 인지하지는 못했다.

체육특기자가 체육계열 학과에 입학하면 일반학생들의 입학 자리가 적어진다는 점이다. 또 다른 문제는 유명무실한 학과가 만들어질 가능성이 높다는 점이다. 체육계열 학과가 없는 서강대, 아주대, 광운대, 홍익대 등은 체육특기자 동일계지원 제도로 인하여 체육계열 학과를 만들거나 유사전공을 설치해서 체육특기자들이 지속적으로 운동을 할 수 있도록 하고 있다. 하지만 체육특기자들이 제대로 수업에 참가하지 않는다면 학과는 정상적으로 운영되기 어렵다.

한 예로 수업을 20명이 듣는데 19명이 체육특기생으로 시합이나 전지훈련 등으로 결석을 하게 되면 일반학생은 혼자서 수업을 들어야 하는 경우가 생긴다. 정상적 교육이 어렵고 파행적인 교육이 되기 쉽다. 이렇게 되면 학과는 체육특기자들에게 졸업장을 주는 학과가 될 가능성이 높다. 일반전공학생들은 그 피해를 받을 수 있다. 우선 입학 정원이 축소돼서 입학이 어려워졌고, 입학을 해도 정상적인 수업을 받기 어렵다. 지금의 상황으로 체육계열 학과들이 운영된다면, 체육학의 학문적 정체 내지 후퇴를 예견할 수 있다.

또 다른 문제는 체육특기자 자격을 갖춘 졸업예정자들이 명문대학을 진학하기 위해서 뇌물수수와 입학비리에 휘말릴 가능성이 높다는 것이다. 명문대학 입학 정원은 정해져 있다. 전국대학의 체육 특기자 모집 인원(수시·정시)은 2012학년도 1,648명(74개 대학), 2013학년도 1,439명(53개 대학), 2014학년도 1,169명(45개 대학)으로 줄고 있다. 이러한 현실에서 체육특기자라고 모든 입학이 가능한 것이 아니다. 선수 선발권을 가지고 있는 대학 감독과 고교 감독이 인적 네트워크를 통해 보이지 않는 곳에서 뇌물이나 비리가 행해질 수 있는 개연성은 있다. 투명하고 합리적으로 운영되지 않는 상태에서 입시비리는 사라지지 않고 지속될 것이다. 다음의 기사를 살펴보자.

최근 양승호 전 롯데 자이언츠 감독은 야구 입시 비리 혐의로 기소되어 징역 1년 3개월과 추징금 1억 원의 실형을 선고를 받았다. 대법원은 양승호 전 감독의 실형 확정에 대해 2009년 무등기대회 때 고려대 야구부 특기생으로 A군을 선발하는 대가로 아버지에게 1억 원을 받았다는 강모 씨의 진술에 신빙성이 있다고 판단했다. 양승호 전 감독은 A의 아버지에게 2~3번에 걸쳐 1억 원을 받은 혐의를 받아왔다. 2012년 12월 13일 인천지검 특수부에서 배임수재 혐의로 양승호 전 감독에 대한 구속영장을 청구하였고 당시 검찰은 인천 지역 고등학교의 체육 특기생 입시비리를 수사하면서 양승호 전 감독의 금품 수수 사실을 확인해 수사를 진행했었다. 결국 양승호 전 감독은 실형을 선고받게 된 것이다. (폴리뉴스, 2014.3.12.)

이러한 체육대학 입시비리를 해결하기 위한 방법은 쉽고도 간단하다. 체육특기자라도 일정한 성적을 요구하는 방법이 있다. 적어도 대학 수학능력을 갖춘 체육특기자를 선발하는 것이 공정성을 확보하는 좋은 방법이다. 수학능력을 갖춘 선수들은 대학을 진학하고, 수학능력이 없는 선수들은 프로나 실업에서 운동을 지속하면 된다. 간단한 답이다.

최근에 대안으로 등장하고 있는 체육특기자의 공개 테스트는 하나의 방안이라고 할 수 있다. 전국 4강이나 8강에 들어가면 체육특기자 자격을 갖추지만, 모두가 원하는 대학을 진학할 수 있는 것이 아니다. 특히나 명문대학에 진학할 수 있는 비율이 높지 않기 때문에 입시비리를 통해서라도 입학을 하려고 한다. 지속적인 운동보다는 입학을 위한 과정으로 생각하기에 문제의 심각성이 높다.

그 결과 입학과 동시에 선수생활을 중단하고 일반학생으로 대학에 다녀 졸업하는 경우가 있다. 운동은 명문대학 진학을 위한 하나의 방법일 뿐이다. 이러한 학생들을 사전에 예방하기 위해서 평가방법을 실기테스트, 수능성적, 학교생활기록부, 면접시험, 입학사

정관제 등 다양한 방법을 통해서 투명하고 합리적인 선발 방식을 도입하는 것이 필요하다. 이러한 방법 가운데서 현실 적용성이 높은 방법은 수능점수를 현실화해서 적용하는 것이다.

체육대학 입학실기시험도 더 높은 수능점수를 받은 학생들을 선발하기 위하여, 입학 실기시험 폐지에 대한 논의를 거쳐야 한다. 운동을 못하면 체육계 학과 진학을 할 수 없다는 고정 관념을 버리고, 공부를 못하면 체육계 학과에 갈 생각조차 하지 말아야 한다는 것을 일깨워야 한다.

체육대학은 실기시험이 절대적으로 필요하다는 생각이 지배적이다. 운동을 하지 못하면서 어떻게 체육대학에 진학할 수 있느냐가 주된 반대 내용이다.

만약 체육대학 입학 실기시험 폐지가 어렵다면, 전국 수험생을 대상으로 실기시험 등급제를 실시하는 것을 생각해 볼 수 있다. 실기등급제는 형평성과 함께 한 번의 실기검정 시험으로 여러 대학을 지원할 수 있다는 장점이 있다. 체육대학 지원 학생들을 대상으로 과거의 체력장 검정제도와 같은 방식으로 전국적으로 동시 실시하여, 그들의 점수에 맞게 수능등급이 결정되는 체력인증제를 실시한다면 현행 각 대학교 마다 실시하는 실기시험에 대한 형평성 논란이 사라질 수 있다(이학준, 2012).

4. 체육 단체 사유화

2,099개 체육 단체를 대상으로 한 2010년 이후 단체 운영과 사업에 대한 감사 결과를 발표했다. 결과는 가히 충격적이다. 감사 결과 총 337건의 비리가 적발되었다. 조직의 사유화, 단체 운영의 부실, 심판 운영 불공정, 횡령 등 그 종류도 다양하다. 단체별로도 대한체육회, 국민생활체육회, 대한장애인체육회 등이다. 그 결과 10개 단체를 대상으로 수사를 의뢰했고 15억 5100만 원을 환수했으며, 15명에 대해서는 문책을 요구했다(이슈투데이, 2014. 1. 23).

그동안 체육 단체에 대한 감시와 견제, 검사를 제대로 하지 못했기 때문에 최악의 경우가 되었다. 어떤 큰 문제가 발생하지 않고 사람들의 관심과 정부의 관심을 받기가 쉽지 않다. 항상 감시체계가 작동하고 있었다면 다음 [표 1]과 같은 부패는 발생하지 않았을 것이다.

[표 1] 체육 단체 주요비리 협회

단 체	협 의
공수도 연맹	협회장 가족을 임원임명, 훈련수당 1억 4542만 원 횡령
배구협회	자체 회관 매입과정에서 불명확한 금전 거래
경기도 태권도협회	협회장 사적 소속 비용 550만 원을 협회 예산으로 진행
씨름협회	협회주관 대회 사업비 가운데 6300만 원 횡령의혹
야구협회	협회주간대회 사업비 가운데 약 7억 1300만 원 횡령
배드민턴협회	5억 500만 원 상당 후원 물품 횡령
울산시 태권도협회	협회 공금 286만 원을 개인 유류비, 식비로 유용
패러글라이딩연합회	국조 보조금 394만 500원을 임원 협찬금으로 유용

출처: 매일경제, 2014. 1. 16

체육 단체의 사유화가 가능한 것은 임원들이 대부분 특정 학교, 지역 출신들이 차지하고 있다는 점이다. 특정 학교의 선후배로 구성된 임원들은 견제력과 대항력을 갖추지 못하기 때문에 개인이 단체를 사유화해서 좌지우지할 수 있게 된 것이다.

물이 고이면 섞는 것과 같이 특정 학교를 중심으로 체육 단체가 구성되면 견제력이 상실되어 제구실을 하지 못한다. 그 때문에 스포츠비리가 발생할 수밖에 없다. 비판하고 감시기능을 강화하는 방법을 찾을 수 있다면 해결할 수 있는 문제이다. 다른 방법은 한국산업진흥원에서 연구비의 효율적 관리를 위해 도용한 프로그램(www.rcms.go.kr)과 같은 제도적 장치를 도입한다면 단체장이 함부로 돈을 사용할 수 없기 때문에 투명한 자금관리가 가능하게 될 것이다.

체육 단체가 사유화되는 이유는 단체장 중심으로 작동하기 때문이다. 거역할 수 없는 이해관계에서 집행이 이루어지기에 독점과 사유화가 가능한 것이다. 독점을 견해할 수 있는 대항력을 갖춘 세력이 존재해야 부정과 부패, 사유화를 막을 수 있다. 현행 20%로 구성원의 비율을 제한한 것은 그나마 통제할 수 있는 장치를 가지게 된 것이다. 문제는 제도의 빈틈을 악용하는 사람들이 있기 때문에 제도만으로 모든 문제를 해결할 수가 없다.

결국에 사람이 문제가 된다. 사람들이 자존감과 명예를 중시하여 자율적으로 부정부패를 척결하려는 의지를 키우는 것이 중요하다. 이러한 도덕적 자율성이 사라지게 되면 사회주의 방식의 강압적 제도에 의해서 수동적이며 기계적인 인간이 될 가능성이 높다. 우리가 주목해야 할 것은 체육 단체 구성원들이 내면에 양심의 소리에 귀를 기울여 양심에서 벗어나지 않는 행동을 하도록 하는 것이다. 도덕적 자율성을 강조하는 자율적인 체육 단체가 되는 것이 사유화를 막을 수 있는 지름길이다.

4장. 원인에 의한 불공정성 문제

정책이나 방향을 제시하려고 하면 현실문제의 원인을 정확히 진단하는 것이 요구된다. 병원에서 의사가 진단과 검진을 하는 것은 정확한 병명을 찾기 위함이다. 오진 없는 정확한 진단만이 정확한 치료와 처방을 할 수 있다. 진단이 잘못되면 치료는 당연히 잘못된다. 가짜의사가 되지 않기 위해서는 정확한 진찰과 검진을 통해서 올바른 처방을 제시해야 한다. 체육계에 대한 현실 관찰을 통해서 진단한 스포츠 4대 악의 근원은 권위주의, 획일주의, 도구주의, 승리지상주의, 윤리적 지체, 형식주의 등이다.

1. 권위주의

우리 사회에 만연되어 있는 권위주의는 언제부터 비롯된 것인가. 그 시기는 일제강점기와 전통적인 유교주의 국가체계에서 비롯되었다고 하겠다. 복종과 순종만을 강조하는 조선시대 삼강오륜의 덕목은 이를 잘 드러내고 있다. 무조건 윗사람의 말에 따르는 것을 당연하게 생각하고 만약 이를 지키지 않을 때 사회적으로 매장시키고 격리하는 일이 있었다. 씨족사회에서는 마을공동체를 형성하고 살았기에 권위에 도전하는 것은 용납할 수 없는 일이 되었다.

> 권위주의적이라 함은 상사나 연장자가 부하나 아랫사람에게 일방적으로 명령하고 맹목적 복종을 강요함을 말한다. 거기에는 상하교류의 의사소통이 없기 때문에 아랫사람이나 연소자가 자기의 의견을 제시하고 주장할 권리가 허용되지 않는다. 그러니 아랫사람에게 허용되는 것은 맹목적 복종 곧 불복과 순응뿐이고 개인성과 자아성의 성장과 발휘의 길은 차단되고 유리되어 버린다.
>
> (고범서, 1998: 326)

특히 권위주의 문화는 체육계에 만연되어 있다. 지도자들, 협회 이사 및 회장의 권위주의는 부하 직원들과 소통을 단절하는 대표적인 예이다. 강요와 지시만을 하고 아래로부터 들으려고 배우려고 하지 않는 전형적인 특징이다. 스포츠비리 4대 악 역시 권위주의가 지배하고 상하 간의 소통이 허용되지 않는 운동문화 구조에서 나타날 수밖에 없는 문제다. 더 이상 듣지 않고 일방적인 지시만을 하며 이를 당연하게 인식하고 있는 관행이 문제이다.

선수들과 소통을 차단하는 불통은 권위주의의 산물이다. 민주사회에서 중요한 것은 어떤 문제를 결정권자가 독단적으로 결정하는 것이 아니라 대화를 통해서 민주적으로 해결하는 것이다. 이를 위해서는 토론이나 공청회가 필요하다. 현장에서 선수들의 목소리를 경청해야 하는데 이를 지키지 않고 윗선의 독단적이고 폐쇄적인 행정은 권위주의의 폐단이라고 할 수 있다. 시대가 변화했는데 변화에 적응하지 못하는 일방적인 결단과 행동들은 고쳐야 할 문제이다.

권위주의의 모습은 위 사람의 눈치만 보고 복지부
동하며 자발적이고 주체적인 행동을 하지 않는 특징
이 있다. 그 주된 이유는 개인의 주체성과 개성이 용
인되지 않기 때문이다. 개성이 강하면 조직에 어울리
지 못하고 너무 나선다고 개성을 말살하는 경향이
강하다. 그렇게 되면 개인의 능력을 자유롭게 펼치지
못하는 미성숙한 사회가 될 수 있다. 개인의 차이를
인정하고 적극적으로 자신의 생각을 표현하고 토론하
며, 합리적으로 일을 처리하는 문화가 조직을 건강하
고 활기차게 운영하는 원동력이다.

한 예로 체육학자들은 배우려고 하지 않고 폐쇄적
이라는 지적이 있다. 체육학자들이 하고 있는 운동처
방은 위험할 수 있다고 한다. 의학적으로 검증되지
않고 행하는 처방이기 때문이다. 안정성을 검증받지
않고 운동처방을 하는 것은 위험하다. 우선, 물리치
료, 재활운동, 재활의학, 체육계의 운동처방 전문가가
서로의 지식을 공유하며 배워야 하는데도 불구하고
소통은 전혀 되지 않아서 신뢰하기 어렵다고 한다.

물론 체육계 전체가 아닌 일부겠지만, 우리가 척결해야 할 것은 권위주의와 폐쇄주의 그리고 배우려고 하지 않는 자세이다.

아랫사람에게 배우려고 하지 않는데 문제의 심각성이 있다. 시간은 빠르고 새로운 과학기술에 의해서 새로운 방법들이 등장하고 있다. 배우려고 하지 않고 과거의 방법만을 고수하려고 하면 조직이 발전하기 어렵다. 서로의 장점을 배우고 조직의 발전을 위해 상생해야 하는데 현실은 권위주의가 차단하고 있는 형국이다. 가장 중요한 것은 배우려는 마음 자세를 갖는 것이다. 이러한 생각의 변화가 권위주의를 벗어나는 길이 될 수 있다.

인간관계가 출신과 상관없이 수직적 관계보다는 수평적 관계 맺음을 통해서 자유로운 소통이 진행될 수 있도록 기회를 만들어 주어야 한다. 어떤 문제에 자신의 생각을 표현할 수 있는 문화가 필요하다. 강요와 지배가 아니라 대화를 통하여 문제를 해결하려는 의지가 중요하다. 권위주의 문화는 오래가지 못한다. 자발적 연대가 필요한 이유도 여기에 있다.

2. 획일주의

획일주의는 산업사회 이전의 단순한 권위주의적 전통사회에서 통용되던 사고방식의 유물이다. 그러한 사회에서 모든 사람이 같은 생각을 해야 했고 동일하게 행동해야 했다. 따라서 획일주의에서 이탈하는 사고나 행동은 이단시되었고, 위험시되었으며, 배척당하고, 제재를 받기 마련이었다. 그렇지만 다양하고 다원적인 민주적인 산업사회에서 획일주의는 개인의 개성 발휘를 제약하고, 질식시키며, 사회의 유지와 발전을 심각하게 저해했다(고범서, 1998: 326).

획일주의는 개성과 창의성을 말살하는 대표적인 정신이다. 선수와 학생 자신이 가진 잠재력(끼)을 발휘할 수 있는 문화가 형성되어야 하는데 현실은 차이를 존중하지 않고 동일함만을 강요한다.

특히 단체 스포츠에서 팀워크를 살리기 위해서는 모두의 겉모습이 똑같아야 한다고 강조한다. 한참 감수성이 예민한 사춘기 시절 여자 축구선수들이 짧은 머리 모양을 동일하게 하고 경기를 하는 모습에 마음이 편하지 못했던 경험이 있다. 동일함은 다양성이 가진 장점을 살리지 못한다.

정신력을 강화하고 팀워크를 위해서 왜 동일함만을 강조하는가, 과연 다양함은 문제가 되는 것인가? 관리의 효율성을 강조하면서 동일성을 추구하는 것이 가장 대표적인 이유일 것이다.

흔히 배달음식을 시킬 때 연장자가 시키는 메뉴로 모두가 통일시키는 경우가 있다. 다른 음식을 먹고 싶은 데 시간이 많이 걸린다는 이유만으로 묵언의 압력이 작용하고 있는 것이다.

팀의 단합을 깨뜨리는 행위가 된다고 생각하는 조금 다른 것은 용납하지 못한다. 그러나 팀워크는 개성과 차이성의 조화로움에서 시작되는 것이지 동일함에서 만들어지는 것은 아니다.

3. 도구주의

선수의 인격과 개성을 존중하지 못하는 운동문화의 전형을 우리나라 체육계는 그동안 너무 많이 보여주었다. 선수를 하나의 승리에 필요한 도구로 간주하고 비인간적인 행위를 가해왔다는 것이 문제라고 할 수 있다. 선수도 선수이기 이전에 한 명의 존엄한 인격체이며 존중받아야 할 대상임에도 불구하고 승리를 위해서 운동하는 기계 혹은 도구로 생각하는 것 자체가 문제이다.

마틴 부버(Martin Buber)는 현대 인간의 비인간화, 소외, 인간성 상실의 문제의 원인을 관계에서 찾고 있다. 나와 너, 나와 그것의 이중적 관계 맺음에서 인간성이 상실하고 있다고 지적하였다. 핵심은 내가 다른 인간을 그것(It)으로 인식하기 때문이다. 존중과 배려는 사라지고 하나의 도구로 인식함으로써 인간성 상실이 나타난다고 주장한다. 그에 의하면 해결책은 단순하다. 나와 다른 사람인 '너'를 인격적이며 생명체로 인식한다면 해결할 수 있다고 지적한다.

우리나라 체육현장에서 지도자는 선수를 나와 동일한 인격체로 생각하기보다는, 노예 혹은 하인 아니면 하나의 도구쯤으로 인식하고 있다고 봐야 한다. 왜냐하면 선수들에 대한 폭력과 욕설이 도를 넘어서기 때문이다. 같은 인격체로 생각한다면 할 수 없는 일들을 지도자라는 이름 아래 권력을 휘두르고 있다는 것이다.

　해결책은 지도자가 선수를 승리에 필요한 도구로 생각하지 않도록 만드는 것이다. 그 하나의 방법은 지도자의 생존권을 보장하는 것이다. 가족을 부양해야 하는 지도자가 생존권이 보장되지 않는다면 불안한 신분으로 선수에게 승리를 강요하고 폭력을 지속적으로 사용할 것이 너무 분명하다.

　지도자는 생존을 위해 승리가 절실하다. 그렇기 때문에 선수를 존중하는 것이 아니라 조련을 시켜 승리에 필요한 도구로 만들고 있다. 생각하지 않고 기계처럼 운동하도록 강요받으면서 운동만 시키고, 지도자는 선수의 인격을 존중하지 않고, 지시와 강요만을 행하는 것이 문제다. 사람은 사랑받기 위해 태어난 존재임에도 불구하고 승리를 위해서 모든 것을 포기하고 하나의 도구로 간주한다. 인간은 존중하고 존중받는 인격체라는 인식이 우선되어야 한다.

이제는 현재까지 관행이었던 운동문화는 내려놓고 인간의 존엄성이 우선되는 스포츠분화로의 방향선환이 이루어져야 한다.

4. 승리지상주의

선수가 승리를 지향하는 것은 문제가 없다. 문제가 되는 것은 지나친 승리만을 지향한다는 것이다. 승리만을 종용하고 강요할 때 나타날 수 있는 대표적인 현상이 비인간화 현상이다. 상대 선수가 동료가 아니라 적으로 간주하는 것이다. 즐겁게 함께 할 수 있는 친구가 아닌 적이라고 생각하고 경기를 하다 보면 스포츠를 하고 있는 것이 아닌 싸움과 전쟁을 하고 있는 것이다.

상대 선수가 없다면 경기는 진행될 수 없다. 선의

의 경쟁이 중요함에도 대학과 연봉이 직결되어 있어 승리만을 추구한 결과이다. 승리하는 자가 공정한 게임을 통해서 승자가 되면 아무런 문제가 없다. 현실은 불공정한 게임이 지배한다. 이겨야 살 수 있다는 정신이 만연되어 있기 때문이다.

수단과 방법을 가리지 않고 승리만을 노리는 과정에서 폭력이나 승부조작 등과 같은 비윤리적 문제가 발생한다. 승리는 노력의 결과이기에 결과에 만족하고 패배했다면 패배의 원인을 찾아서 승리를 지향하면 아무런 문제가 발생하지 않는다. 이러한 과정은 생략하고 패배자는 실패자 된 것처럼 생각하는 것에 문제가 있다. 경기에서 졌다고 인생의 실패자가 되는 것은 아니다.

5. 결과주의

한국 스포츠의 고질적인 병폐 중의 하나가 결과주의이다. 결과주의는 과정보다 결과에 따라서 모든 것을 판단하는 이념이다. 과정이 어떻게 되었든 문제가 되지 않는다. 결과만 좋으면 모든 것은 용납된다. 부끄러운 과정을 거쳐서 승리를 얻어냈다면 과연 진정한 승리라고 할 수 있을까. 결과주의에 의하면, 추악한 승리 역시 승리라고 생각한다. 대표적인 것이 도핑을 사용해서 승리를 하는 것이다. 걸리지 않으면 된다는 안일한 생각을 정당화하는 논리이다.

하지만 승리가 모두 같지는 않다는 것을 인지할 필요가 있다. 결과만을 지향하다 보면 정당하지 않은 수단과 방법이 합리화될 위험성이 있다. 승리를 위한다는 이유로 스포츠 4대 악이 정당화될 수 있는 빌미를 만들어주고 있다. 때려서라도 국가대표가 되고, 우승만 하면 된다는 생각이 정당화되고, 이런 생각들이 지도자들에게 상식이 된다면 우리나라 스포츠의 미래는 암울할 수밖에 없다.

무능하지만 선수들을 닦달하고 폭력을 사용해 전국대회에서 우승을 하면 그 지도자는 최우수 지도자가 된다. 그래서 최우수지도자상을 받는다. 앞으로 더 때리고, 더 욕하고, 더 폭력을 권장하라고 주는 것 같이 보인다.

자신의 지도 철학을 가지고 소신껏 지도를 한 사람은 결과가 좋지 않으면 무능한 지도자가 되어서 계약해지 통보를 받게 된다. 그렇게 되면 지도자는 계속 무능한 지도자로 남아서 생계를 유지하기 힘들어진다. 이러한 상황에서 직업적 안정을 얻지 못하고 불안전한 미래에 대한 두려움으로 선수를 닦달하고, 폭력을 사용해서 좋은 결과를 얻으려고 한다. 어떻게 보면 스포츠 4대 악도 결과주의에 의해서 비롯되었다고 할 수 있다.

결과주의는 빨리 빨리를 강조하는 성급함과 가시적인 성과를 요구하는 신자유주의 논리에 지배당한 결과라고 할 수 있다. 가시적 성과가 없다면 그것에 대한 성과와 효과를 인정하려고 하지 않는다. 그래서 우리 사회는 숫자가 지배하는 사회가 되어 버렸다. 수출액, 총생산액, 고용인원수 등에 반영된 것은 수이다. 수가 우리 문화 전반을 지배하게 된다. 숫자의 감옥에서 벗어나지 못하고 가시적인 성과를 만들기 위해서 조작과 사기가 반영되어 나타난다. 이겨야 산다는 기본 논리가 지배하기 때문에 나타난 현상이다. 져도 좋다는 생각이 파고들 여지가 없다. 오직 승리뿐이다.

6. 윤리적 지체

한국의 엘리트 스포츠는 세계 10위 안에 드는 스포츠강국의 모습을 대외적으로 보여 주었다. 경기수준이 세계적이라는 것을 말해준다. 적은 인구에서 세계 10위의 스포츠강국이 된 것은 기적이 아닐 수 없다. 그 기적 뒤에는 특공대와 같은 엘리트 선수들의 희생이 있었기 때문이다. 1966년 태릉선수촌 건립과 함께 집단적인 합숙훈련을 통해서 세계에서 정상의 자리를 지켜왔다.

하지만 우리가 성과만을 주목하고 집중한 나머지 잊어버린 것들이 있다. 그 잃어버린 것 중에 하나가 윤리적 지체현상이다. 스포츠경기력에 비하여 스포츠윤리는 따라가지 못할 정도로 뒤처져 있었다. 간격의

공간이 크기 때문에 사회적으로 공정하지 못한 문제
들을 만들어내었다. 선수들이 운동만을 매진해왔고
승부사로 훈련되어 왔기에 현실에서 적응을 실패하면
일탈할 가능성이 그만큼 크다.

자의든 타의든 운동을 그만두게 될 때 선수 출신
들이 생존하기 위한 삶의 계획이 뚜렷하게 없기에
다른 일을 하지 못하는 경우가 있다. 이러한 선수들
과 체육학과 학생들을 위한 스포츠윤리가 필요하다.

자동차 브레이크가 고장이 나면 위험한 것처럼 선
수들의 도덕성이 문제가 된다면 큰 위험이 뒤따른다.
그러므로 선수들에게 충분한 윤리교육이 필요한 이유
이다.

7. 형식주의

형식주의는 내용보다 형식을 강조하는 관념이다.
껍데기와 알맹이 중에서 어느 것에 더 중점을 두느
냐에 따라서 선택과 내용 그리고 결과가 달라질 수
있다. 우리 사회에서 체면문화는 남을 의식해서 자신

이 처한 상황이나 상태를 과대 포장하여 행동하고, 과잉선택해서 보여준다는 점이 일종의 한국문화의 폐해라고 볼 수 있다. 또한 형식주의는 체면 차리기라고도 한다. 이에 대해서 다음의 글을 보자.

> 체면 차리기의 본래 모습은 염치와 예의를 겸비한 윤리적 행위입니다. 그러나 최근 우리 사회의 체면문화는 염치가 사라지고 형식과 외양만 중시하는 겉치레 형식주의로 전락하고 있습니다. 그래서 오늘날 체면치레는 예의범절이 아니라 다른 사람의 눈을 극도로 의식하는 허위의식의 표상이 되고 말았습니다. 이러한 체면문화는 남에게 자신의 실제 모습보다 과대 포장하거나 심지어 위장하여 잘 보이려는 목적을 가지고 있습니다. 그래서 체면문화의 특징은 허례를 위해서 자신의 상황이나 여건, 심지어 능력을 고려하지 않는다는 점입니다. (도성달, 2013: 157)

우리 문화에서 나타나는 형식주의의 대표적인 현상이 남을 의식하고 눈치를 본다는 점이다. 자신의 상태에 맞는 행동과 선택을 하면 되는데 잘 보이기 위한 의식에서 '있는 척, 아는 척, 가진 척'하는 문화가 나타난다고 할 수 있다. 대외적인 운동경기에서도 자신들의 실력을 인정하고 그 실력에 맞는 목표설정과 상대 팀에 대응하는 전략을 짜야하는 데 현실을 무시하고 과시적 형태로 진행한다는 데 문제가 있다.

대표적인 것들이 스포츠 메카이벤트라고 할 수 있다. 지방자치제를 실시하고 있는 우리나라 현실에서 적자를 면하지 못하고 중앙정부의 지원에 기대고 있으면서, 무조건 대형 스포츠이벤트를 유치하려는 성향이 강하다. 지방 재정을 살피고 유치를 결정해야 하는데 차기 선거를 위한 전시행정의 한 예다.

기존 시설을 최대한 활용하고 내실 있는 대회를 개최하면 되는데 불필요한 대형 경기장을 건설하여 사후관리비만 들어가는 돈 먹는 하마가 된 것이 우리의 현실이다.

5장. 공정한 스포츠의 실천과제

공정한 스포츠를 만들기 위해서 우리가 해야 할 일은 불공정한 스포츠의 원인이 어디에 있는가에 대한 원인고찰과 향후과제를 제시하여 현장에서 이를 고쳐나가는 일이다. 쉽게 설명하면, 의사가 환자를 만나면 가장 먼저 하는 일은 진단이다. 이를 통해서 정확한 병명을 찾고 그 후에 처방을 한다. 끝으로 환자, 의사, 간호사, 병원시설이 융합하여 질병을 치료하여 환자가 회복하도록 돕는다.

학자 역시 현실 관찰을 통해서 근본적인 원인이 어디에 있는가에 대하여 찾아보는 데서 시작한다. 지금까지 현실 관찰을 통하여 저자는 불공정한 스포츠의 원인을 권위주의, 획일주의, 도구주의, 승리지상주의, 결과주의, 윤리적 지체, 형식주의에서 찾아보았다. 처방은 개인윤리 차원에서 체육공부를 통한 사람됨에서 찾았고, 사회윤리 차원에서 체육개혁을 통한 공정사회에서 찾아보았다.

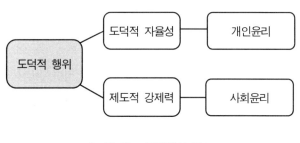

[그림 3] 도덕행위의 구조

위의 [그림 3]처럼 도덕적 행위는 도덕적 자율성(개인윤리)과 제도적 강제력(사회윤리)에 조화와 균형에서 가능하다는 것을 먼저 인식할 필요가 있다. 여기서 조화란 부등식의 경우처럼 산술적으로 50% 대 50%를 의미하지 않는다. 상대적으로 도덕적 자율성이 강화되는 것이 필요하다. 제도적 강제력이 집중되면 개인의 자율성이 축소되어 사회주의 국가처럼 국가의 감시와 통제, 억압, 착취를 받을 가능성이 높다. 인간의 자유의지가 훼손될 가능성이 높고 인간은 기계와 로봇과 같이 될 개연성이 크기에 위험하다. 개인의 도덕적 자율성을 증가하고 제도적 강제력은 적을 수록 좋다.

어느 대학 특강에서 한 학생이 질문을 했다. 도덕적 자율성과 제도적 강제력에서 어느 부분을 더 강화해야 하느냐는 질문이었다. 예를 들어 성리학에서 '견리사의(見利思義)'라는 말이 있다. 이득을 보면 옳은지 혹은 옳지 않은지를 판단해야 한다는 말이다. 그런데 우리는 대개 '견리사이(見利思利)'로 행동한다. 이익이 되지 않으면 행동하지 않고 이익이 되는 것에 따라 행동한다. 그런데 중요한 것은 장자가 말한 것처럼 '견리사위(見利思危)'를 생각해 봐야 한다. 내가 이익을 보면 시간이 지나 언젠가는 위태로워질 수 있다는 것을 생각하고 행동해야 한다.

한 예로 강동희 전 프로농구 감독을 들 수 있다. 대학농구, 국가대표, 프로농구 감독 등을 거치며 농구의 전설이라는 명예를 얻었지만, 눈앞에 작은 이익 때문에 한순간에 그동안의 명예는 사라지고 말았다. 승부조작의 유혹에 대하여 올바른 일인지를 판단하지 못하였고, 그것이 가져올 위태로움에 대하여 생각하지 않았기 때문에 개인의 명예를 잃은 경우다. 수많은 이해관계에서 단순히 눈앞에 이익만을 생각하고 거시적으로 위태로울 수 있다는 것을 생각하지 못하면 위험에 빠질 수 있다는 것을 명시해야 한다.

특정인에게만 적용되는 말이 아니다. 이해관계로 인하여 현명하지 못한 판단으로 힘들어하는 경우가 있다. 당시 어떤 상황에 있어서 작은 이익으로 더 많은 것을 잃을 수 있다는 것을 인지할 필요가 있다. 대표적인 것이 도핑의 유혹이다. 걸리지 않으면 문제될 것이 없다는 생각을 가지고 있어 도핑의 피해를 생각하지도 않는다. 지금 여기서 도핑을 사용하여 승리하면 된다는 생각이 지배적이다. 도핑을 하면 공정한 게임이 되지 않기 때문에 스포츠가 성립되지 않는다는 것을 인정하지 않는다. 공정하지 않은 스포츠는 스포츠가 아니다. 유치한 몸싸움에 불과하다. 하지만 우리는 공정하지 못한 스포츠에서 승리했다고 자랑한다. 자랑하기에 앞서 공정한 스포츠를 했는가를 따져봐야 한다. 공정한 스포츠를 했다면 그 승리는 정당화될 수 있다.

우리가 주목해야 하는 것은 제도적 강제력에 우선하여 개인의 도덕적 자율성을 강화하는 것이 필요하다는 것을 인지할 수 있어야 한다. 다시 말해서 개인윤리는 양심을 회복하자는 것이고, 사회윤리는 공정한 룰을 가지고 공정한 게임이 작동하는 합리적이고 투명한 스포츠사회를 만들자는 것이다. 개인의 도덕적 자존감을 높일 수 있다면 그것으로 정당하지 않은 스포츠를 극복할 수 있다.

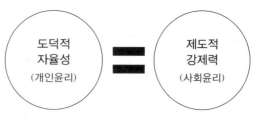

[그림 4] 개인윤리와 사회윤리의 관계

하나의 예로 교통신호와 관련하여 알아보자.

고속도로에는 최고 110km, 최저 50km를 유지하라고 법으로 정하고 있다. 교통사고를 예방하고 도로정체 없이 교통이 진행되도록 법으로 정해놓은 것이다. 하지만 사람들은 규정 속도보다 빠르게 운전을 한다. 그러다가 감시카메라가 등장하면 규정 속도로 유지한다. 그것은 개인의 도덕적 자율성을 넘어서 때로는 제도적 강제력이 필요함을 엿볼 수 있는 예이다. 운전자 개인이 먼저 도덕적 자율성을 따라서 규정 속도를 지키면 된다. 하지만 현실은 그렇지 않다. 때로는 벌금과 면허취소라는 강제적 장치가 필요함을 알 수 있다.

스포츠 역시 공정한 스포츠가 되기 위해서는 도덕적 자율성과 제도적 강제력의 조화와 균형적인 사용이 필요하다. 공정한 스포츠를 위하여 저자는 두 가지를 제안하였다.

우선, 앞에서 논의했던 성찰적 읽기와 비판적 읽기를 통해서 얻은 결론은 공정한 스포츠는 체육인의 도덕적 자율성과 제도적 강제력의 조화에서 찾을 수 있다는 것이다. 공정한 스포츠를 만들기 위해서는 체육인들의 도덕적 자율성을 강화하여 인식전환을 시도하고, 제도적 강제력을 통해서 제도개혁을 주도하는 일이다. 이를 통하여 정책과 구조를 바꾸는 일이다. 왜냐하면 사회가 비도덕적이면 체육인과 스포츠조직이 도덕적으로 되기 어렵기 때문이다.

공정한 스포츠를 위한 두 가지의 과제를 제시하였다. 첫째는 개인윤리적 접근 차원에서 도덕적 자율성을 통한 인식전환을 시도하기 위해 체육공부를 통한 사람됨이며, 둘째는 사회윤리적 접근 차원에서 제도개혁을 통한 체육개혁으로서 공정사회를 이룰 수 있다고 제안하였다. 이제부터는 구체적으로 알아보기로 하자.

1. 개인윤리: 체육공부와 사람됨

스포츠조직의 현실 관찰을 하고 성찰적 읽기를 통해서 얻게 된 것은 개인윤리적 차원에서 자기 성찰이라고 할 수 있다. 자기 성찰은 인식을 전환하는 하나의 통로이다. 사람이 변하지 않으면 아무리 좋은 제도가 만들어져도 변하지 않는다. 문제는 사람이다.

> 어디나 사람이 문제다. 어떤 사람을 어떻게 뽑고, 어떤 방식으로 키우며, 어디에 배치해 관리하느냐가 조직의 운명을 가른다. 사람 관리를 잘못하면 경영이나 행정이 불투명해지기 십상이다. 의사결정 과정에서 밀실행정이 빈번해지며, 끝을 모르는 탐욕은 배임과 회계장부 조작을 일삼는 횡령으로 이어진다. 고질적인 '패거리 인사'는 비리와 부정부패 또는 대형사고로 귀결되고, 그것이 시장경제의 근간인 법과 질서, 원칙과 기준 등 시스템마저 뒤 흔든다.
>
> (한국경제신문, 2014.2.4.).

그만큼 사람들의 인식전환이 무엇보다 중요하다. 인식전환을 위하여 우리가 할 수 있는 것은 교육과 배움을 통한 계몽이다. 구체적인 방안은 탈 인습적 사고, 비판적 사고교육, 실용적 자기 성찰의 기회, 반성적 글쓰기, 기초로 돌아가는 사고를 제공하는 것이다. 이러한 교육을 체육에서 행하는 것을 체육공부라고 한다. 체육공부는 수학이나 영어공부와 같은 그런 공부가 아니라 동양에서 말하는 수양(修養), 치심(恥心)과 같은 인성교육, 사람됨의 교육, 온몸으로 하는 사람됨을 향한 공부라고 할 수 있다.

1997년 IMF 이후 우리 사회는 신자유주의 논리가 작동하여 실용적인 공부, 돈이 되는 공부에 관심을 가지게 되었다. 체육 혹은 스포츠 역시 이전과는 다른 돈이 될 수 있는 소비재로서의 스포츠에 집중하였다. 그 결과 스포츠산업이 발전하였고 반면에 학교 체육에서 스포츠를 통한 인성교육은 관심에서 벗어났다. 최근에 학교폭력과 왕따, 청소년자살 현상이 급증하여 사회문제가 되었다. 교육부에서 방과 후 스포츠 활동과 클럽 스포츠리그 활동을 확대하여 인성교육 부분에 관심을 모으고 있다.

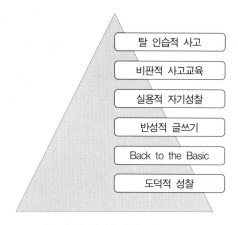

[그림 5] 개인윤리적 접근방법들

탈 인습적 사고

비판적 사고교육

실용적 자기성찰

반성적 글쓰기

Back to the Basic

도덕적 성찰

1) 탈 인습적 사고

스포츠조직의 관행과 온정주의에서 비롯된 문제를 해결하기 위해서는 인습적 사고를 당연하게 생각하는 것에 대한 문제 제기가 있어야 한다. 비합리적이고 불투명한 것을 관행이기 때문에 따라야 한다는 생각은 위험하다. 관행을 말하는 사람은 자신의 이해관계와 밀접한 관련성을 가지고 있기에 그런 말을 한다. 기득권을 향유하기 위한 궁색한 변명으로 들릴 수 있다. 관행이 문제가 된다면 합리적인 소통을 통해서 개선하려는 의지가 있어야 한다. 관행을 원칙이라고 생각하고 적용하는 것은 조직의 이익이나 특권을 가진 입장에서 그것을 지속적으로 향유하려는 의도라고 할 수 있다. 문제가 있다는 것을 공유하지만 고치려고 하지 않는 것은 분명 특권과 권력을 내려놓지 않으려는 의도라고 보인다. 우리가 당연하게 생각한 것에 대하여 다시 한 번 왜 당연한가에 대한 생각을 할 수 있어야 한다. 이러한 생각이 탈 인습적 사고를 가능하게 한다.

대표적인 것이 폭력이다. 폭력도 선수폭력과 학생폭력, 언어폭력, 성폭력 등 다양하다. 학기 초마다 매년 되풀이되는 신입생 길들이기를 위해 사용되는 폭력 및 얼차려 문제가 쉽게 해결되지 못하는 이유는 신입생 길들이기를 하나의 관행이며 전통이라고 생각하는 데 있다.

왜 그것이 관행인지에 대하여 문제를 제기하고 비합리적이고 비인간적인 문화를 척결하려는 발상의 전환이 필요하다. 방향전환이 필요한데 인습을 버리지 못하고 지속한다면 가야 할 길에서 점점 멀어지게 된다. 문제 제기를 통해서 문제의 원인을 밝히고 해결하려는 의지를 가지고 합리적으로 문제를 해결해나가는 것이 필요하다. 특히 당연하게 인식하는 잘못된 인습적 사고를 불식시키는 것이 중요하다. 우리는 편리함과 귀찮음 때문에 고정관념이나 선입견에 대하여 문제를 제기하지 않는다. 그냥 일반화된 관습적 행위로 당연하게 생각하고 답습한다. 발전과 혁신을 기대하기 어렵게 되는 일상의 생활구조이다.

2) 비판적 사고교육

비판적 사고력이란, 어떤 판단을 가능한 모든 관점과 입장에서 바라보고 종합적으로 분석해 판단하는 능력이다(박은미, 2010). 우리에게 비판적 사고교육이 필요한 이유는 합리적이며 보편적인 판단을 하기 위해서다. 스포츠현장에서 발생하는 다양한 상황에 당황하지 않고 자신의 비판적 사고력을 바탕으로 무엇이 합리적이고 보편적인 사고인지 분별할 수 있게 되면 당황하지 않고도 얼마든지 슬기롭게 문제를 해결할 수 있다.

신체활동을 통해 면역력을 강화해서 외부의 바이러스에 의한 감염과 질병을 예방하는 것처럼, 비판적 사고교육을 통한 정신적 면역력을 키우는 것도 필요하다. 결국 문제해결능력, 개인의 역량 강화를 통해서 문제를 해결하는 과정이 삶이라고 한다면, 체육학 전공학생들 역시 신체적 면역력을 키워서 건강을 유지할 수 있는 것처럼 정신적 면역력을 강화할 방안을 찾아야 한다. 그래서 어떤 문제가 발생해도 당황하지 않고 당당히 해결할 수 있어야 한다.

그뿐만 아니라 체육학과 학생(선수)들의 도덕적 자율성 강화와 주체적 판단력을 향상시키기 위한 비판적 사고교육이 더욱더 중요하게 생각된다. 말 잘 듣고 순응적인 착한 학생들을 양성하기보다는 문제가 무엇인지 정확하게 볼 수 있는 안목을 길러주는 것이 체육계를 발전시킬 수 있는 길이다.

어떤 문제 혹은 사태에 대하여 다양한 관점에서

해석하고 문제를 제기할 수 있는 사고훈련이 있어야
한다. 경기에서 우리가 승리하기 위해서 끊임없이 훈
련을 반복하는 것과 같이 우리의 뇌도 사고훈련을
통해서 문제를 합리적으로 해결하는 과정이 있어야
한다.

길은 하나의 길만이 있는 것이 아니다. 다양한 길
을 찾는 시도를 하지 않고 이미 알려진 길만을 고집
하다 보면 영원히 지름길을 찾지 못할 수도 있다. 우
리에게 필요한 것은 이미 정해진 것이 아니라 다양
한 관점에서 해석하고, 이해하며 결과에 따라서 정답
도 바뀔 수 있다는 생각을 갖게 해야 한다.

3) 실용적 자기 성찰

체육 단체의 불공정 문제를 지적하기에 앞서 체육
학회와 체육학자의 자기 성찰이 우선 되어야 한다.
비판하는 입장에서 우리 자신의 문제를 개선하지 않
고 체육 단체를 지적하는 것은 설득력이 떨어진다.
지적하는 입장에서 문제가 없어야 말하기도 설득하기

도 수월하다. 만약 자기 성찰과 반성 없이 지적만 해대면 반발은 쉽게 예상된다. 너나 잘하라고 말을 들을 수 있다. 남의 단점은 지적하기 쉽지만, 자신의 단점은 인정하지 않으려고 한다.

우선, 체육학 분야의 학회들은 투명하고 합리적으로 비용을 처리하고 있는가를 살펴보아야 한다. 학회장의 이해관계에 의해서 집행하고 있지는 않은지 혹은 비합리적이고 불투명하게 사용하고 있는지를 검토해봐야 한다. 집행부의 사적으로 학회회비를 사용하고 있지는 않은지 돌아봐야 한다. 아직까지 체육학 관련 학회들이 검찰의 조사를 받아 보지 않았기에 알 수 없지만 체육 단체들과 같은 조사를 받게 된다면 체육 단체와 유사한 문제들이 밝혀질 수도 있다. 공정성을 논하기 전에 자신이 속한 조직의 공정성 문제를 살펴보아야 한다.

그뿐만 아니라 학회의 임원들이 전국으로 혹은 특정 대학에 몰리지 않고 균등하고 공정하게 구성하고 있는지, 편집위원회는 특정인이 편집권과 심사를 독점하고 있지 않은지, 혹은 학문권력을 발휘하고 있지 않은지, 이유 없이 개인감정으로 심사논문을 읽어보지도 않고 게재불가를 시키고 있지 않는지, 회원들의 회비를 회장과 임원들이 사비처럼 사용하고 있지는 않은지, 논문심사는 투명하고 객관적으로 하고 있는지, 교수임용에서 자신들의 후배만을 밀어주지 않는지, 동료의 표절이나 연구부정을 묵인하고 있지 않은지, 학생들을 제대로 가르치고 있는지 등에 대한 자기 성찰이 필요하다.

자기 성찰은 "원칙을 성찰하고 원칙에 따라 실천하기가 중요하다(김용석, 2007)." 원칙, 기초, 상식, 규칙, 질서를 상실한 자기 성찰은 가능하지만, 현실성이 없는 성찰에 불과하다. 원칙이 무엇인가를 우선적으로 성찰해야 근본적인 문제의 원인을 찾을 수 있다. 원칙이 사라지고 없는데도 불구하고 성찰을 한다는 것은 의미 없는 일일 수 있다. 그렇기 때문에 원칙을 성찰해보고 무엇이 문제인가를 찾아보아야 한다. 그 다음에 실천하면 된다.

지금까지 자기 성찰에 대하여 말하고 강조하고 있지만, 문제가 해결되지 않는 것은 원칙에 대한 근원적 성찰이 이루어지지 않았기 때문이다. 왜 우리는 원칙에 벗어나서 예외가 원칙처럼 생각하는 관행이 우리 현실을 지배하게 되었는가에 대한 근본적인 문제 제기가 있어야 한다. 그래야 근원적 처방과 치유가 가능하다.

4) 반성적 글쓰기

체육공부를 통하여 인성함양에 도달할 수 있는 방법 중에 하나를 추천하라고 하면 반성적 글쓰기와 운동일기를 들겠다. 지금까지 여러 곳에서 반성적 글쓰기의 중요성에 대하여 말해왔다. 반성적 글쓰기는 자기 성찰에 도움을 받을 수 있는 방법 중 하나이다. 의무감으로 혹은 과제로서의 글쓰기가 아니라 자신의 삶을 성찰하는 마음에서 우러나오는 글쓰기이다. 형식보다는 내용이 중요하다. 초등학교 때 경험한 숙제로 일기 쓰기가 아니라 실제로 자신을 돌아보고 진정성 있는 반성의 글쓰기를 말한다. 외부에서 강요하는 반성문이 아니라 자발적 자기반성이다. 진정성이 있고 정직한 글쓰기가 되어야 한다.

운동선수 중에서 운동일기를 쓰는 선수와 그렇지 않은 선수와의 차이가 있다. 결정적 차이는 운동일기를 쓰는 선수는 자신의 운동행위와 자신을 성찰한다는 점에서 다르다.

대표적인 선수는 런던올림픽 사격에서 2개의 금메달을 차지한 진종오 선수와 여자국가대표 축구선수 지소연 선수 등이 있다. 이들은 자신의 훈련내용을 자세히 기록하고 문제가 무엇인지를 반성하여 일기를 토대로 해서 문제를 보완하는 과정을 거쳐서 경기력을 높인 경우이다. 사격의 진종오 선수의 경우 비밀노트를 작성해서 활용했다고 알려졌는데 그 비밀 노트가 바로 반성적 글쓰기인 일기의 결과물이라고 할 수 있다.

반성하지 않는 삶은 의미가 없다는 말과 같이 운동을 하든 혹은 일상생활을 하든 중요한 것은 자신과의 진솔한 만남의 시간을 갖는 것이다. 저자 역시 강의를 듣는 학생들에게 글쓰기 과제를 내준다. 과제의 핵심은 텍스트를 읽고 읽은 내용을 A4 용지 한쪽에 요약, 자기 생각, 질문으로 구분하여 쓰도록 한다. 우리는 무엇을 읽고 생각을 해야 한다. 그리고 자신의 생각을 글로 표현할 수 있어야 한다. '문제가 무엇인가' 하는 문제의식은 읽고 쓰는 가운데 길러진다.

우리는 신체를 주로 사용하고 정신과는 별 관계가 없다고 생각하지만, 운동은 대부분 정신이 주도하는 과정이라고 할 수 있다. 우리가 직면하는 체육계의 문제에 대하여 학생들이 관찰하여 문제원인을 파악하고 그것을 어떻게 고칠 것인가를 스스로 생각하도록 한다면 문제의식뿐만 아니라 문제 해결 능력도 함양할 수 있다. 체육공부차원에서 체육학과 학생(선수)들 역시 생각의 힘을 키우기 위해서 반성적 글쓰기교육이 강화되어야 한다.

글쓰기교육이 중요하다는 것은 모두가 공유하는 인식이지만 현실에서 제대로 교육을 하는 것이 무엇보다 중요하다. 마지못해서 형식적인 글쓰기교육이 아니라 개인의 고통을 창조적으로 승화하고, 지적 성숙과 인성함양을 도모할 수 있는 글쓰기가 이루어져야 한다. 내면의 소리를 글로 담아내고 그것을 가지고 동료들과 소통과 토론을 통해서 문제를 해결하는 능력을 함양해야 한다. 자신의 생각을 자유롭게 표현하고 대화로 모든 문제를 풀어가려는 민주적인 토론문화를 체험하고 체육인으로 현장에서 업무에 종사할 때도 독단적이며 권위적이지 않고 민주적으로 문제를 해결할 수 있는 역량을 마련하는 것이 필요하다.

5) Back to the Basic

일상생활에서 원칙을 주장하면, 우리 사회는 고리타분하고 융통성이 없는 사람이라고 말한다. 원칙을 지키려는 의지를 희석시키는 반응이 나온다. 그 결과 원칙은 사라지고 예외가 원칙이 되어 있을 정도이다. 원칙이 흔들리면 근간이 문제가 되기에 원칙을 주장하는 것이다. 원칙이 없이 행동을 하면 혼동의 연속이다. 'Back to the basic'은 공사현장 주변에서 흔하게 볼 수 있는 문구이다. 처음 보는 순간 머릿속에 각인되어 우리 사회에서 꼭 필요한 것이라고 생각되었다.

현장에서 사고를 예방하기 위해서는 무어보다도 제일 먼저 '기본에 충실하라'는 것이다. 기본을 무시하게 되면 사고가 날 위험성이 높다는 것을 현장 경험을 통해서 절실하게 깨달은 말이다. 대충, 설마 등과 같은 기본을 무시하는 생각들은 기본의 중요성에 대하여 인지하지 못하였기에 나타나는 행위들이다. 설마 하는 사고방식은 대형사고로 이어질 수 있다. 안일하고 나태한 생각은 법규와 규칙을 지키지 않는 행위로 나타난다.

기본이 충실해야 응용할 수 있고 성공할 가능성이 높다. 편법만을 사용하다 보면 빠른 효과를 얻을 수 있지만, 지속적인 성과를 내기는 어렵다. 바닥을 금방 드러내기 때문이다.

공부에도 기초가 중요한 것처럼 운동과 일에도 기

초가 중요하다. 우리는 속도와 효율이라는 감옥에서 빠져나오지 못하고 있다. 제대로 일을 하지 못하면 아무리 빠르게 일을 해도 나중에 다시 반복해서 해야 하는 일이 생길 수 있다. 서두르지 않고 일을 꼼꼼하게 하는 것이 더 효율적이다. 속도만을 강조하다 보면 무용지물이 될 가능성이 높다. 삼풍백화점, 성수대교의 붕괴는 속도에 빠진 결과라고 할 수 있다. 모두가 빠른 성과만을 강조하다가 지친 피로상태에 놓이게 되었다.

교육을 통해서 우리가 도달하고자 하는 것은 체육공부의 끝이다. 끝이라 표현하는 목표는 사람됨이라고 할 수 있다. 모든 교육이 결국은 사람다운 사람을 양성하는 데 있다. 하지만 한국 학교 체육의 현주소는 기능과 효율만을 강조하며 경쟁적인 인간을 양성하는 데 주력해오고 있다.

게임에 대한 체험교육을 통해서 학생들이 '체화된 페어플레이 정신'으로 체육이나 사회에서 공정한 게임에 참가하고 결과에 승복할 수 있는 사람으로 교육해야 한다. 공정한 게임이 아니면 그것은 게임(경쟁)이 아니라는 인식을 할 수 있도록 해서 정정당당한 게임을 거쳐서 자신의 지위와 역할을 가질 수 있도록 해야 한다.

지금도 공정하지 못한 경기가 존재하고 있으며, 특권과 반칙이 남용하는 경우가 있다. 그러므로 패배를 수용하지 못하고 승자를 존중하고 축하해주지 못한다. 심지어 갈등과 증오가 증폭되어 분노사회가 되어가고 있다. 그 결과 사회는 양극화되고 공동체문화의 공생은 사라지고 분열은 가속화되며 사회가 정체되어 발전하지 못할 위험성에 빠질 수 있다. 제도개혁도 중요하지만, 거시적 차원에서 제대로 된 교육을 통해서 도덕적 자율성을 강화하고 주체적인 인간으로 자신의 역할을 다할 수 있도록 교육에 관심을 가져야 한다.

이외에도 우리가 실천할 수 있는 것은 "내려놓음과 방향전환" 두 가지로 요약할 수 있다.

먼저 내려놓음이다.

우리 내면을 억압하고 착취하는 의식을 내려놓는 일이다. 하면 된다는 의식과 과잉된 자기 긍정으로 과잉된 성과에 집착하는 성과사회의 모습을 보이며 그 결과 모든 이들이 피로한 사회의 전형을 보여주고 있다. 스포츠강국의 환상과 마취에서 벗어나기 위해 그러한 욕망과 기대, 금메달과 승리에 대한 집착과 강박관념을 내려놓아야 한다. 그래야 자유로운 영혼을 가질 수 있다. 선수들의 희생에서 얻은 전리품의 기쁨은 잠시 뿐이며 영원하지 못하다.

지금도 스포츠강국을 지향해야 한다고 주장하는 일부 단체와 협회 등이 있다. 이들이 이러한 주장을 하는 이유가 어디에 있는지 현실 관찰이 필요하다. 또 하나는 방향전환이다. 스포츠강국에서 스포츠선진국, 나아가 스포츠 복지국가로 방향을 전환하는 것이다. 지금까지 스포츠강국에 도취되어 앞으로 직진만 하고 있다. 스포츠강국에 대한 빠른 포기만이 바른 방향으로 갈 수 있으며, 그 바른 방향은 모든 사람을 위한 스포츠로 국민이 안전하고, 건강하며, 행복하고, 공정한 사회를 지향하는 것이다.

6) 도덕적 성찰

도덕적 성찰이란 자신의 행동에 대하여 반성해 보고, 자신의 행동을 객관적 입장에서 바라보며 바람직한 행동을 하기 위한 구체적인 방법을 찾는 것이다. 공정한 스포츠와 아름다운 플레이를 하기 위해서는 도덕적 성찰이 필요하다. 도덕적 성찰을 통해서 우리의 행동을 바로잡을 수 있을 뿐만 아니라 더 나은 행동을 할 수 있게 도움을 얻을 수 있다.

도덕적 성찰에서 중요한 것은 도덕적 성찰의 조건이다. 도덕적 성찰의 근거 기준은 보편적 도덕 원리로서 페어플레이 정신이라고 할 수 있다.

경기에서 승리도 중요하겠지만, 더 큰 승리는 도덕적 승리라고 할 수 있다. 스포츠를 인성함양의 장으로 생각한다면 스포츠에서 인성을 닦기 위한 행동은 도덕적 성찰을 통해서 가능하다. 스포츠를 하는 동안 페어플레이를 실천했느냐가 도덕적 승리라고 할 수 있다. 승리하기 위해서 비도덕적 행위를 하지 않았나, 비신사적 행위를 해서 상대방에게 부상을 입히지 않았는가, 비겁한 행동을 하지 않았나, 상대 선수를 존중하고 배려했는가. 이와 같은 도덕적 성찰을 기준으로 삼아야만 객관적으로 평가하고 그것을 토대로 인격적 성숙을 얻을 수 있다.

도덕적 성찰의 방법은 성찰 일기, 좌우명, 명상 등의 방법이 있다.

성찰 일기는 스포츠를 하는 동안 자신의 잘못한 행동에 대하여 되돌아보고 깊이 생각한 바를 기록하는 일이다. 또한 자신을 성찰할 수 있는 좌우명은 그것을 지키기 위해서 자신의 행동을 바로 잡고 노력하는 과정에서 공정한 스포츠를 행할 수 있기 때문이다. 마지막으로 도덕적 성찰의 방법으로 명상은 자신의 고민이나 행동에 대하여 생각해보고 깨달음을 얻는 방법이다.

2. 사회윤리 : 체육개혁과 공정사회

비판적 읽기를 통해서, 우리는 체육개혁이라는 강제력이 필요하다는 것을 인식하게 되었다. 체육인의 도덕적 자율성만을 가지고 문제가 해결될 수 있는 것이 아니라 제도적 강제력을 도움 받아야 해결이 가능하다.

한 가지 방법만으로 해결하는 것은 한계가 있기에 다른 제도의 강제력을 사용하는 것이다. 현재 정부의 체육개혁이 한계라고 할 수 있는 것은 제도개혁만을 추구하고 있다는 것이다. 빠른 결과만을 위한 한시적인 개혁이라고 할 수 있다. 정치, 정책, 제도에 의한 정치적 힘의 사용은 제도를 개혁해서 공정한 스포츠가 되도록 하는 데 있다.

제도개혁이 시급한 것은 학생선수의 학습권 보장, 스포츠 4대 악 신고포상금 제도, 동일대학 출신자 협회 임원 비율을 20%로 제한하는 것 등이다. 이러한 방법들은 저자가 제기한 독특한 방법이 아니라 이미 국가 차원에서 대안으로 제시한 방법들이다.

이 방법들이 제도적 강제력에 의한 방법이라는 차원에서 다시 정리해 보았다. 이외에도 다양한 제도적 장치를 고안할 수 있을 것이다. 체육개혁에 관심과 관찰, 고민을 지속한다면 보다 나은 방법들이 나올 것이다.

1) 학생선수의 학습권 보장

학생선수의 학습권을 보장해야 하는 이유는 어려운 일이 아니다. 누구에게도 설득력이 있을 만한 이러한 이유들은 오늘날에만 제안된 것도 아니다. 학생선수 또는 엘리트 스포츠계의 문제가 발생할 때마다 반복되었다.(강구민, 2010; 강신녀, 2011; 김동현, 윤양진, 2010; 김상겸, 2009; 이학준, 2009; 임수원, 2011; 임승엽, 2010; 이혁기, 임수원, 2010; 홍덕기, 2008).

[그림 6] 사회 윤리적 접근방법들

예를 들어 수영선수 장희진 파동, 천안합숙소 화재 사건, KBS 시사 기획 〈쌈〉의 학생선수의 성폭력, 공부문제 보도, 인권위원회의 학생선수 인권조사 등에서 학습권 문제가 제기되었다. 이때마다 사회 일각에서는 학생선수의 학습권을 보장해주어야 한다고 되풀이 하여왔다. 왜 이러한 내용들은 똑같이 반복되기만 하는 것일까? 이것은 사회의 묵인과 동조를 동반한 사회구조의 힘이 작용하기 때문이다. 또다시 묵인되지 않게 하려면, 학생선수의 학습권을 보장하기 위한 조건들이 실천될 수 있는 담당 기관이 필요하다. 감시와 견제 그리고 지도를 일관되게 관리할 수 있어야 한다. 경계를 지속하는 길뿐이다.

학생선수의 학습권 보장에 반대하는 사람들도 심정적으로 동의한다. 학생선수도 공부를 시켜야 한다는 것을 선수경험이 있는 지도자는 물론 학부모도 관심을 가진다. 문제는 현실적인 명문대학 진학이나 국가대표가 되는 것에 있다. 학습권이 보장되면 당장 운동과 공부를 병행해야 하는데 기초학력이 부족한 학생선수들은 수업에 들어가도 이해가 어려워 집중하지 못하고 지루해 하거나, 책상에 엎드려 잠을 잔다. 한 가지만 해도 되는데 공부와 운동을 모두 한다는 것은 집중력과 에너지가 떨어지는 문제가 생긴다.

그래서 공부하는 학생선수를 위해 제도적으로 마련된 주말리그에 반대하는 학부모들이 생겨났다. 주말리그는 한 주 내내 운동만 하게 되는 모양새를 가지고 있다. 휴식이 필요한데 쉬지 못한다. 시합 준비를 위해 평일 동안 운동하고 주말에 경기하는 주말리그는 선수들을 지치게 한다. 거기에 수업을 들어야 하는 부담감이 선수들의 집중력과 경기력을 떨어뜨린다고 주장하면서 주말리그를 반대했다. 이들의 대안은 한 가지만 선택하자는 것이다. 공부와 운동의 병행은 시기상조라고 강조한다.

학교체육을 바로 세우기 위해서는 학생선수의 학습권을 보장하는 것과 더불어 일반학생들이 스포츠를 즐길 수 있는 스포츠권리를 보장하는 것 또한 생각해 봐야 한다. 학교체육 바로 세우기 방안은 학생들

모두에게 해당하는 문제로 학생선수에 한정해서 해결할 수 있는 것이 아니다. 왜곡된 학교문화를 바로 잡아야 한다. 운동을 하는 학생선수는 운동만 하고, 일반학생은 공부만 하는 양극화 현상은 극복되어야 한다. 학생들이 모두 운동과 공부를 병행하는 것이 필요하다. 이미 두 가지의 병행을 통해서 성공을 거둔 국내외 많은 성공사례들을 볼 수 있다. 이러한 성공사례들은 특별한 것이 아니다. 실천하려는 의지만 있다면 얼마든지 가능하다. 이미 우리들은 해답을 알고 있지만 실천하지 못하고 있다. 그 실천의 걸림돌을 찾아내서 제거하고 공부와 운동을 병행할 수 있는 학교를 만들어 가야 한다. 그 변화의 핵심은 지도자, 학부모, 학생선수, 학교 모두로부터 시작되어야 한다 (이학준, 2009a).

2) 스포츠 4대 악 신고 포상금제

스포츠 4대 악 신고포상금 제도는 하나의 제도적 장치로서 문화체육관광부에서 스포츠 4대 악을 척결하기 위한 하나의 방법으로 제안한 것이다(문화체육관광부, 2014. 3. 10; 한강타임즈, 2014. 3. 24).

내부고발 없이 문제를 해결할 수가 없다. 폐쇄적인 곳에서 발생하기에 그 발견이 쉽지 않다. 신고자는 자신의 신분을 밝히고 구체적인 근거와 증인이 있는 문제를 신고해야 한다. 그러면 신고된 문제를 대상으로 조사, 감사, 수사 등을 통해서 신속하게 대처하게 된다. 포상금은 제보의 처리 결과에 따라 경징계 100만 원, 중징계 200만 원, 형사 처분 300만 원을 기준으로 지급된다. 신고자의 신분은 최대한 비밀이 보장된다.

최근에 경기도 빙상연맹의 쇼트트랙 여자 선수들에 대한 성추행, 여자컬링 국가대표 코치의 성추행과 비리 등이 접수되어 신속하게 처리된 바가 있다(경향신문, 2014. 4. 2). 상금액수가 문제가 아니라 약자들이 신고할 수 있는 곳이 있다는 것만으로 다행이라고 생각한다. 보는 눈이 있어야 한다. 견제하고 대항할 수 있는 제도의 힘이 필요하다. 지금까지 이러한 제도가 부재했기 때문에 선수들은 인권의 사각지대에서 당하고 있었다.

더 이상 선수들은 스포츠 4대 악에 대하여 어쩔 수 없다고 회피하지 말고, 적극적인 신고와 대처만이 근본적인 문제를 해결할 수 있다는 인식을 갖고 실천할 수 있어야 한다. 누가 대신해주는 것이 아니라 선수들 자신이 해결해야 한다는 생각을 우선적으로 가져야 한다. 선수들이 변해야 스포츠 4대 악의 피해에서 벗어날 수 있다. 생각만 변화시킬 것이 아니라, 행동으로 대처해야 한다.

3) 공정한 심판제도의 정립

소치동계올림픽 여자피겨스케이팅의 심판판정 결과를 보면 경기에서 선수가 잘한다고 항상 좋은 결과를 얻을 수 있는 것이 아니라는 것과 심판진의 구성에 의해서 평가가 달라질 수 있다는 것에 놀라지 않을 수 없다. 심판도 인간이기 때문에 약간의 차이는 인정할 수 있지만, 전체적으로 오심을 하는 것은 용납할 수 없는 일이다. 전문성과 도덕성을 가진 국제 심판들이 특정 국가의 이해관계에 의해서 판정을 한다는 것은 심판으로서의 권위를 상실하는 일에 불과하다.

요한 호이징하(Johan Hoizinga)는 "놀이는 공정한 놀이(fair play)가 아니면 놀이가 아니다."라고 주장한다. 공정한 스포츠에서 중요하게 요구되는 것은 공정한 심판행위라고 할 수 있다. 특히나 주관적 평가가 작용하는 종목에서 심사의 권력은 경기 결과를 뒤집을 수 있는 힘을 가지고 있어 심판판정에 관심을 집중할 수밖에 없다. 학연, 지연, 혈연관계를 배제하고 가장 중립적인 입장에서 심판을 볼 수 있는 심판들로 구성하는 것이 중요하다. 최근 구성된 스포츠 공정위원회에서 심판제도를 개혁할 수 있는 방안들이 제시되었다.

새 심판제도의 골자는 상임심판제, 심판등록제, 심판판정에 대한 4단계 상고제, 심판퇴출제, 심판기피제 등이다. 비리 심판은 가차 없이 퇴출시키고 부적

합한 심판에 대해서는 선수가 기피할 수 있는 권리가 마련되었다.

편파판정이 생길 경우 시도경기단체—중앙경기단체—대한체육회에 차례로 이의를 제기할 수 있다(SBS 뉴스, 2014. 4. 3). 이러한 심판제도의 변화에서 우리가 주목해야 하는 것은 심판판정 행위에 대한 판정을 할 수 있는 심판위원회의 감시와 견제 기능을 강화하는 길이다. 한번 내린 판정은 번복할 수 없다고 하지만 편파판정은 경기가 종료한 다음에도 심판위원회가 평가할 수 있는 강제력과 대항력을 갖추어야 한다.

정부는 스포츠 4대 악을 척결하기 위하여 분주하게 움직이고 있다. 그중 하나가 편파판정과 승부조작을 척결하고 공정한 심판을 추구하는 것이다. 심판이 편파판정과 승부조작에 얼마든지 영향을 미칠 수 있다고 보고 정부는 심판을 주목하게 되었다. 그동안 심판에 대한 관심이 선수들에 비하여 아주 낮았다. 아니 없었다. 좋은 일로 관심의 대상이 된 것이 아니라 나쁜 일로 관심을 받게 되었다. 심판은 경기결과와 관련이 없다고 생각되지만, 심판의 호각 소리 하나에 경기 흐름이 바뀔 수 있으며 경기결과가 달라질 수 있다.

특히 어린이들의 경기에서 심판의 편파판정과 오심은 어린 선수들을 절망에 빠지게 할 수 있다. 경기결과에 따라서 인생의 진로가 결정되기에 공정한 심판이 절대적으로 요구된다. 심판은 경기를 조율하는 오케스트라의 지휘자에 비유되는 만큼 좋은 경기를 완성해야 하는 막중한 책임을 가지고 있다. 심판은 도덕적 책임뿐만 아니라 사회적 책임도 크다. 그래서 누가 심판을 보느냐에 따라서 결과가 달라져서는 안 될 뿐만 아니라 심판이 승패를 좌지우지해서는 안 된다. 심판은 언제나 공정하게 경기를 진행해야 한다.

불공정한 판정을 개선하기 위하여 심판과 관련된 제도들이 마련되었다. 심판상임제, 심판등록제, 심판판정에 대한 4단계 상고제, 심판퇴출제, 심판기피제 등 다양한 좋은 제도들이다. 이 제도만 잘 시행하면 편파판정이 사라질 것 같지만, 심판은 사람이 하는 것이기에 제도만을 가지고는 척결되지 않는다. 항상 사각지대가 존재하기 마련이다. 빈틈을 이용해서 작심하고 오심과 편파판정을 얼마든지 할 수 있다. 그렇다면 무엇이 문제인가. 심판 자체가 문제이다. 심판이 변하지 않으면 결코 공정한 심판이 가능하지 않다.

공정한 심판을 위해서 심판들의 생존권을 해결해 주면 간단하게 해결될 수 있다고 생각한다. 그래서 정부가 현장의 목소리를 귀담아듣고 심판들이 염원하는 심판상임제를 실행할 것으로 보인다. 그동안 열악한 환경에서 묵묵히 고생만 하시던 분들에게 좋은 일이지만 이것도 문제가 있을 수 있다. 일부 상임심판이 된 분들은 좋겠지만, 그것도 또 하나의 권력집단이 되어서 자신들의 기득권을 만들어 갈 것이다. 얼마나 공정하게 심판상임제를 운영할 것인가가 또 하나의 과제로 남는다.

공정한 심판이 되기 위해 필요한 것은 도덕성과 전문성이다. 전문성이라는 해당 종목의 특성과 규칙에 대한 해박한 지식을 말한다. 규칙을 잘 알지 못하면 자신의 의도와는 상관없이 오심과 편파판정을 할 수 있는 개연성이 높다. 심판이 된다는 것은 해당 종목의 규칙을 누구보다 잘 알고 있다는 점에서 전문성은 어느 정도 높다. 문제는 심판의 도덕성이다. 단기적인 교육을 통해서 도덕성이 함양되는 것이 아니기에 도덕성을 강화하는 것이 쉽지 않은 문제다. 이 문제는 심판의 명예심, 자존감을 높일 수 있는 방안에서 찾아야 한다.

다른 대안은 심판을 직업이 아니라 봉사 차원에서 생각해 본다면 심판의 도덕성 문제는 어느 정도 해결될 수 있다고 생각한다. 월드컵 축구심판들을 보면 직업이 다양하다. 월드컵 기간 동안 휴가를 내거나 아니면 잠시 휴업을 하고 심판을 본다.

우리나라도 심판이 직업이 아니라 하나의 봉사활동으로 할 수 있다면 전문성과 도덕성을 모두 해결할 수 있을 것이다.

심판을 양성하는 교육과정이 체계적으로 운영된다면 선수 출신이 아닌 비선수 출신에게도 심판이 될 수 있는 기회를 열어주고, 철저한 교육과정을 통해서 도덕성과 전문성을 갖춘 심판이 탄생할 수 있도록 해야 한다. 특히 심판학교와 같은 체계적인 교육기관과 전문인을 양성하는 대학의 심판학과 그리고 심판을 대변할 수 있는 심판협회가 필요하다.

우리 주변에는 선수 출신은 아니지만 해당 종목에 대한 해박한 지식을 가지고 있는 마니아들이 있다. 이들의 전문지식을 활용해서 지역사회에서 심판으로 봉사를 할 수 있다면, 공정한 심판은 가능하다고 생각해 본다. 그동안 심판들이 불신을 받은 것은 심판으로서 책임감과 공정함을 보여주지 못했기 때문이다. 심판을 봉사 행위라는 인식으로 전환될 때 공정한 심판이 가능할 것이다. 앞으로 봉사정신으로 심판을 보는 사람들이 많이 참여하여 편파판정과 오심이 경기장에서 사라지기를 기대해 본다.

4) 동일대학 출신자 협회 임원 20% 제한

그동안 특정 대학, 지역, 가족에 의해서 체육 단체

들이 사유화되어 있었다. 이 문제는 체육 단체 임원들의 도덕적 자율성의 결여와 감시, 견제력의 부족에 원인이 있다. 가장 좋은 방법은 체육 단체장들의 인식을 전환해서 합리적이고 투명하게 단체를 운영하면 되겠지만 쉽지 만은 않다. 그렇기 때문에 제도적 강제력을 동원해서 체육 단체의 사유화를 막아야 한다. 그 중 하나로 제안된 것이 동일대학 출신자는 재직자 및 재직 임원의 20%로 제한하는 것이다. 다른 국가조직에서도 필요한 일이지만 일단 체육 단체에서 모범적 사례를 만들어서 사회조직에 전파될 수 있도록 하는 노력이 필요하다.

현재 모든 체육 단체가 특정 대학 출신의 임원을 20% 미만으로 규정하고 있다. 대한체육회의 지시에 따라서 모든 체육 단체는 특정 대학 출신이 20% 선을 넘지 않는 규제 안을 마련하고 있다. 대한체육회 산하 56개 가맹단체들은 대의원총회를 줄줄이 열어 '동일 대학의 출신자 및 재직자 재직 임원의 20%를 초과할 수 없다'는 규정을 정관(규약)에 신설했다(한겨레신문, 2014. 3. 10).

힘을 균등하게 분산시켜 대항력을 갖출 수 있어야 비리를 범하지 않는다. 그러나 여기서 우리가 놓치고 있는 것은 모든 문제를 제도만으로 해결하려는 제도 만능주의가 그것이다. 제도만 고치면 모든 문제를 해결할 수 있을 것이라는 단순한 사고는 위험하다. 아무리 제도가 훌륭해도 사람이 변하지 않고는 문제가 해결되지 않는다.

체육 개혁도 그렇다. 문제만 발생하면 매년 되풀이 되는 제도적 장치만을 만들어 내고 있다. 그 제도적 장치로 문제가 해결되지는 않는다. 이러한 제도적 장치는 단기적인 처방이라고 할 수 있다. 가장 빠른 시간에 효율성을 극대화할 수 있는 것이 제도적 장치이다.

예를 들어 가정에서 아이를 훈육할 때 말로 설명하고 타일러도 행동의 변화가 없을 때 화를 참지 못하고 매를 드는 것과 같다. 매의 공포감으로 아이는 순종하는 아이가 되지만, 얼마 가지 못하고 같은 잘못을 범하는 것을 볼 수 있다. 교육은 거시적인 관점에서 마음을 변화시키기 위한 노력이 필요하다. 그 과정은 지루하고 기다림이란 시간이 필요하다. 단지 빠른 변화만을 위해 체벌을 사용한다면 과잉 체벌이 일어날 가능성이 높고 나중에 폭력이 될 수 있다. 가장 좋은 교육 방법은 마음을 움직이는 교육이다.

체육 개혁도 제도적 장치만을 맹신하지 말고 무엇이 문제인가를 고민해봐야 한다.

5) 체육대학 입학 실기시험 재검토

앞에서 살펴봤지만 체육계 비정상의 정상화를 위해 필요한 것은 학생들의 성적을 향상시키는 일이다. 이를 현실에서 실천하기 위해서는 공부를 잘하지 못하면 들어갈 수 없는 곳이 체육학과가 되어야 한다.

현실을 관찰해 보면, 체육에 대한 관심과 적성이 없는 데도 불구하고, 공부를 잘하지 못하는 학생들이 체육대학 입시학원에서 실기 요령 3개월 정도만을 습득해서 대학에 들어가는 일이 있다. 적성과 상관없이 명문 대학 진학을 위해 혹은 학벌 때문에 몰리는 것이다. 갈 때가 없어서 가는 곳이 아니라 체육에 대한 열정과 관심, 재능이 있는 학생들이 많이 입학할 수 있어야 한다. 이를 위하여 대입 준비생들(고등학생들)이 학업에 더 열중할 수 있는 동기와 학습 기회를 늘려주어야 한다. 학생들의 얘기를 들어보면 공부와 운동을 함께 하는 것이 너무 힘들 뿐 아니라 충분한 공부를 하는데도 어려움이 있다고 말한다.

운동을 못해도 체육에 관한 관심과 열정이 있다면 체육대학에 갈 수 있는 곳이 될 수는 없는지, 모든 체육학과 학생들이 운동선수가 혹은 체육지도자가 되는 것이 아님만큼 실기를 못해도 전공할 수 있는 길을 마련할 수 있다면 체육학뿐만 아니라 현장을 개선하는데 도움을 줄 수 있을 것이다. 입학 실기시험 대신에 내신점수, 입학 사정관계, 등 다양한 방법을 통해서 선발할 수 있도록 입학 제도를 바꿀 필요성이 있다.

체육계열 학과에서 배우는 교과목은 의대에서 배

우는 것과 유사하다. 특히 체육학의 자연과학 분야는 수학, 생물, 물리, 통계 등 기초실력이 있어야 배울 수 있다. 순수학문에 대한 기초 없이 배우기는 어려운 과목들이다. 현실은 수학을 못해도 체육대학에 들어갈 수 있는 구조로 되어 있다.

체육학은 다른 학과와 다르게 통섭적 학문의 성격이 강하다. 인문사회계열과 자연과학계열 학문을 모두 배워야 하기 때문에 수학, 언어, 논리 등의 기초학습이 필요하다. 체육학을 제대로 배우기 위해서 무엇보다 기초학문에 관심을 더 가져야 한다. 기초지식을 대학에 입학해서 배우는 것은 늦다고 본다. 고등학교에서 충분하게 기초지식을 배워서 입학할 수 있도록 기회를 주어야 한다.

체육학과는 실기를 못하면 들어가서는 안 된다는 선입견이 아주 강하게 우리의 내면을 지배하고 있다. 미국, 호주, 영국 등의 나라에서는 체육학과 입학에 실기시험을 보지 않는다. 그 이유는 체육에 관심과 열정을 가진 학생들이 지원하기 때문이라고 한다. 실제 체육계열 출신자들이 사회에 진출에서 체육의 실기능력 이외에도 다양한 직업을 선택할 수 있어야 한다.

현장에서 실기지도를 하지 않아도, 체육에 관련한 다양한 직업을 찾을 수가 있다. 예를 들어서 스포츠기자, 스포츠평론가, 스포츠 마케터, 운동처방사 등 자신의 역량을 키울 수 있다면 가능한 일이다. 체육학과는 실기시험이 있어야 한다는 생각을 내려놓고 수능 점수와 내신 성적으로 입학할 수 있다면 기초학력이 준비된 학생들이 입학을 할 수 있을 것이다. 실기가 중요하다고 생각되는 홍익대와 같은 미대에서도 실기시험을 보지 않고 있다.

체육특기자 역시 수능 점수, 내신 성적, 대회 성적, 공개 테스트 등 투명하고 객관적인 다양한 방식의 도입을 생각해 봐야 한다. 이미 학교체육 정상화에 의해서 공부하는 학생선수들이 등장하였다. 지속적으로 공부하는 학생선수들을 육성하기 위해서는 대학에서 수능 점수 상향과 대학에서 수학 능력에 필요한 최소한의 학력을 요구하는 것이 도입되어야 한다. 체육대학 역시 입학 실기시험에 대해 검토해봐야 한다.

고등학교에서는 학생들의 진로를 대학진학, 실업, 프로진출로 구분해서 지도를 해야 한다. 일반 기초학력이 부족한 경우 대학보다는 프로 팀으로 갈 수 있도록 하고, 기초학력이 있다면 대학에서 선수 생활과 운동을 병행할 수 있도록 한다면 성적이 향상될 수 있을 것이다. 기초학력이 부족함에도 불구하고 대학에 진학하는 것은 선수에게 또 하나의 힘든 일을 해야 하는 문제가 있다. 적어도 기초학력을 갖춘 선수들은 대학으로 진학할 수 있도록 기회를 만들어 주어야 한다.

6) 체육개혁 단체의 일원화

체육 개혁을 위해 만들어진 단체들은 필요해 의해 급조해서 만들다 보니 오랫동안 지속하지 못하고 사라지는 경우가 많았다. 스포츠 4대 악을 척결하기 위하여 만들어진 단체 역시 지속적으로 운영하기 위해

서는 정부의 투자와 관심이 논의되어야 한다. 그렇지
못하면 분위기 쇄신용으로 사회적 분위기가 호전되면
서 빠르게 사라질 것이다. 체육 개혁을 위해 급조된
단체는 여러 곳이 있다. 문제가 발생하면 제일 먼저
대안으로 제안하는 것은 관련 위원회를 만드는 것이
다. 문제 해결을 위해서 만든 단체는 넘쳐나고 있다.

체육 개혁 단체는 스포츠 공정위원회, 스포츠 3.0
위원회, 스포츠 혁신위원회, 스포츠 혁신 특별 전담
팀 등 이러한 유사단체는 대한체육회 내에도 존재한
다. 많은 유사단체가 있으면 힘이 분산되어 제대로
일을 처리할 수 없다. 체육 개혁 단체가 많다고 개혁
이 급속도로 진행되는 것이 아니다. 힘을 분산시키지
말고 한 곳으로 모아서 개혁을 단행해야 한다.

중요한 것은 개혁을 하겠다는 의지를 잃지 않는
것과 위원회에 속한 위원들의 자격과 자질이다. 스
포츠 4대 악과 관련성이 없고, 범죄 경력이 없는 사
람이 중심이 되어야 한다. 깨끗하지 못한 사람이 위
원회의 구성원이 되면 체육 개혁 단체는 설득력이

떨어진다.

7) 스포츠윤리 : 체육대학 인증과목

우리는 시선을 돌려 우리 주변을 살펴볼 필요가 있다. 공대에서 공학윤리를 인증 과목으로 선택한 이유는 공학윤리가 절실하게 필요함을 깨달았기 때문이다. 공학도들의 비윤리적 태도가 국부를 밖으로 유출할 가능성도 높고 사회적 책임감 결여로 대형사고가 발생할 수도 있다. 지금 불공정한 사례들이 스포츠에 지배적으로 나타나고 있다. 체육계의 도덕성 회복을 위한 선결과제는 스포츠윤리에 대한 관심이다. 체육대학 역시 스포츠윤리가 필요하다. 선수들이 윤리의식이 낮을 경우 스포츠 비리가 발생할 가능성이 그만큼 높아진다.

체육대학 학생들이 스포츠윤리를 배울 수 있다면, 공정한 스포츠를 현장에서 실천하는데 도움이 될 것이다. 공정한 스포츠를 위하여 학생들과 선수들은 불공정하고 부정한 방법으로 승리를 하려고 하지 않을 것이다. 우리는 왜 공정한 스포츠를 해야 하는가를 이해하지 못하고 그냥 막연히 공정한 스포츠를 해야 한다고 주장하는 것은 설득력이 떨어진다. 적어도 당위를 주장하려고 하면 근거가 분명해야 한다.

우리가 교육하고자 하는 스포츠윤리는 다양한 윤리로 구성되어 있다. 연구부정과 연구진실성, 표절과 인용의 차이, 연구진실성과 책임윤리 등에 대한 교육이 요구되는 연구윤리, 스포츠의학과 운동생리학 실험에서 연구대상으로 사용하는 실험용 쥐와 생명체에 대한 생명윤리, 미디어와 관련해서 지켜야 하는 미디어 윤리, 선수를 지도하는 데 꼭 필요한 코칭윤리, 체육정책을 입안하는데 참고해야 하는 정책윤리, 그리고 학생들을 가르치는데 요구되는 티칭윤리, 지속적인 성장을 위해서 필요한 환경윤리, 스포츠경영과 마케팅을 하는데 중요한 경영윤리 등이 필요하다.

5장. 결 론

    지금까지 성찰적 읽기와 비판적 읽기라는 관점에서 한국 스포츠를 살펴보았다. 한국 스포츠 현실을 관찰하여 얻은 결과는 스포츠 비리가 스포츠만의 문제가 아니라 사회와 상호작용하는 과정에서 나타난 일이라는 것을 알 수 있었다. 따라서 스포츠 비리는 스포츠뿐만 아니라 사회 다양한 곳에서 동일하게 발생하고 있다. 스포츠만의 문제라기보다는 한국 사회가 압축적 근대화 과정에서 과학기술의 발전에 윤리가 따라가지 못하여 발생한 윤리적 지체 현상이라고 할 수 있다.

    문제가 발생하면 제도적 장치만을 통해서 해결하려고 하는 것은 임시방편에 지나지 않는다. 거시적 차원에서 근원적인 문제를 해결하려는 장기적인 계획이 마련되어야 한다. 이러한 차원에서 본론에서 논의했던 내용들을 요약했고, 제언에서 스포츠로 공정사회를 만들기 위한 방안에 대하여 제시하였다.

1. 요약

안현수의 러시아 귀화와 소치올림픽 3관왕 소식을 접하고 박근혜 대통령이 스포츠 파벌주의에 대한 문제 제기는 대한빙상연맹 감사와 문화체육관광부의 발빠른 스포츠 부조리 4대 악 척결에 대한 강력한 의지를 보여주게 되었다. 스포츠 4대 악 신고센터(2014. 2. 3)를 만들었고, 범정부 혁신특별전담팀(2014. 3. 10)에서 스포츠 4대악 포상금 제도를 도입하여 스포츠 공정성을 훼손하는 사례를 신고 대상으로 하였다. 이러한 신속한 처리와 제도 개혁은 위험하다. 만성질환자를 급성질환자에게 필요한 처방을 하는 것과 같다. 왜냐하면 제도적 장치로 모든 문제를 해결할 수 없는 한계가 있기 때문이다. 제도 안에 존재하는 체육인의 사고방식을 전환하지 않고는 해결할 수 없는 문제이다. 스포츠의 공정성 문제의 해법은 개인의 도덕적 자율성과 제도적 강제력의 조화에서 찾을 수밖에 없다. 체육인이 마음을 움직이는 인식 전환을 하지 않고서는 해결될 수 없는 문제이다. 임시방편으로 제도만을 고친다고 해결되는 것이 아니다. 그동안 수많은 제도를 고쳤지만 여전히 문제가 해결되지 않고 매년 반복되는 이유는 사람들의 변화를 놓치고 있기 때문이다. 그렇다고 체육인들 자체만으로 해결할 수 있다는 낭만적인 생각도 위험하다.

정부 차원에서 스포츠 4대 악으로 규정한 것들은 오랫동안 체육계를 지배해왔던 일종의 관행이었다. 너무나 당연하게 생각했기에 문제를 제기하지 않았다. 문제를 제기하지 않은 것이 아니라 문제를 제기하지 못하게 하는 보이지 않는 힘이 발휘되어 온 결과이다. 이러한 인습적 사고를 벗어나는 탈 인습적 사고가 요구된다. 왜 당연한가에 대한 의문을 가지고 공정한지 그렇지 않은지를 따져봐야 한다. 비판적 사고가 필요한 이유는 당연하게 생각하는 것에 대하여 왜 당연한가에 대한 문제 제기를 통하여 다양한 관점에서 문제를 조명해야 한다. 단지 위에서 명령하면 아래에서 순종하면 되는 것이 아니라 도덕적 자율성을 가진 주체로서 무엇이 정당하고, 그렇지 않은가에 대한 주체적 결단이 필요하다.

생각하지 않고 무조건 눈치를 보고 따르는 것은 더 큰 재앙을 가져올 수 있다. 무사고의 위험성은 어디에나 존재한다. 생각하는 주체로서 문제에 대한 본질인식이 선행되어야 한다. 그래야 문제의 본질이 무엇인지 알게 되고 그것에 대한 대안도 마련할 수 있다. 본질을 벗어난 대안은 단기 처방과 효과만을 볼 수 있다. 근본적인 해결안은 되지 못한다.

공정한 스포츠가 되기 위한 과제는 개인윤리적 차원과 사회윤리적 차원으로 구분하여 알아보았다. 개인윤리적 차원의 과제는 탈 인습적 사고의 전환, 비판적 사고 교육, 내부고발과 자기 성찰을 통한 끊임없는 실용적 성찰, 반성적 글쓰기, 기본으로 돌아가는 것 등을 통한 인식전환이다. 사람이 변화지 않고 제도만으로 모든 문제는 해결되지 않는다. 결국은 사람이 결정할 수밖에 없기에 사람에 대한 희망을 저버리면 안 된다. 사람들이 자존감을 높여서 도덕적 자율성을 강화하고 인격을 고양하도록 도와야 한다. 이를 위해서 제대로 된 체육공부가 필요하다. 온전한 인간을 교육하기 위한 체육공부를 통한 인성함양이 중요한 이유도 여기에 있다.

체육계의 미래는 지금 체육학을 공부하고 있는 대학생(선수)들에게 있기 때문에 이들에 대한 교육을 제대로 해야 한다. 기능, 효율, 기록, 경쟁만을 강요하기보다는 사람됨을 위한 교육이 우선되어야 한다. 혼자만 잘 살면 의미가 없다. 다 함께 잘 살 수 있게 자신의 능력을 펼칠 수 있도록 도움을 주는 교육이 되어야 한다.

사회윤리적 차원의 과제는 제도개혁을 통해서 특정 스포츠 조직의 사유화를 견제할 수 있는 대항력을 갖추는 것이다. 견제와 감시 기능을 상실하면 조직은 부패할 수밖에 없다. 항시 권력의 독점을 견제하고 감시할 수 있어야 한다. 그래야 조직을 사유화하거나 단체장의 전횡을 하지 못하도록 할 수 있다. 이러한 기능은 제도적 장치의 도움을 받을 수 있다.

대표적인 제도적 장치로 학생선수의 학습권 보장, 스포츠 4대 악 신고 포상금제, 체육 단체의 동일 대학 출신 협회 임원의 20% 제한, 체육대학 입학 실기시험 재검토, 체육개혁 단체의 단일화, 체육대학 스포츠윤리를 필수화하는 방안 등을 알아보았다.

제도개혁은 공정한 스포츠를 만들기 위한 현실적 조건이다. 금지만을 강요하는 것도 성공적인 제도적 장치는 아니다. 현재 제도에 문제가 있다면 부분적 개혁을 통해서 변화시켜야 한다. 가장 손쉬운 방법은 금지법을 강행하는 것이다. 자아성찰과 사회개혁을 통하여 공정한 스포츠를 구성할 수 있어야 한다.

공정한 스포츠는 체육인 자체의 자기 성찰과 체육계의 개혁을 통해 성공적으로 만들어질 수 있다. 한 가지만으로 문제를 해결할 수 있는 것은 아니다. 하지만 가장 중요한 것은 체육인들의 생각의 변화이다. 이를 위하여 체육인들의 인식 전환을 통하여 좋은 삶을 형성하고 제도개혁을 통하여 공정한 스포츠를 만들어가는 것이 필요하다. 체육인만으로 모든 문제를 해결할 수 있는 것이 아니라 제도개혁과의 조화를 통해서 문제를 해결할 수 있다.

자기 성찰과 제도 개혁의 조화를 통해서 문제의 원인을 찾아 빠르게 해결하는 방법이 있다. 체육인들이 페어플레이 정신의 실천(도덕적 자율성)과 공정하고 합리적인 스포츠 조직(제도적 강제력)을 구성할 때 공정한 스포츠는 이상적인 모델이 아니라 현실 가능한 것이다. 그 해답은 자기 성찰과 체육개혁을 통하여 내려놓음과 방향 전환이다. 이것이 성공할 수 있다면 스포츠 조직의 공정성 확보만이 아니라 더 나아가 그동안 정치·경제·사회에 이용만 당해온 스포츠가 역으로 정치·경제·사회의 변화를 시도할 수 있을 것이다. 스포츠가 사회를 바꿀 수 있다.

2. 제언 : 스포츠로 '공정사회' 만들기

저자가 생각하는 이상적인 사회는 이미 동양의 유학자들이 지향했던 '대동 사회'와 같다. 혼자 잘 살면 무슨 의미가 있겠는가. 함께 잘 사는 사회를 꿈꾸는 것이 당연하다고 생각한다. 다음은 『禮記』〈禮運篇〉편에 나오는 내용이다.

세상에 큰 도가 행해지면 사람들은 세상을 공공적인 것으로 생각하게 된다. 이런 사회에서는 사사로이 그 자손에게 정권을 넘겨주는 일이 없고, 어질고 유능한 인물을 선택하여 사회를 관리토록 할 것이다. 사람들은 성실과 신뢰로 교육하고, 화목하게 생활할 것이다. 자기 부모만을 친애하거나 자기 자식만을 사랑하지는 않으며 모든 사람을 두루 사랑할 것이다. 노인들에게는 일생을 편안히 마칠 수 있게 복지 혜택을 주고, 청·장년들에게는 각자의 능력에 맞는 일할 자리를 제공하여 열심히 사회적 부를 산출하게 할 것이며, 어린이들은 의지하여 제대로 심신 발육을 할 수 있게 할 것이다. 그리고 홀아비, 과부, 고아, 자식 없는 노인, 폐질에 걸린 불쌍한 사람들은 우선적으로 부양 받을 수 있게 할 것이다. 또 남자와 여자는 제각기 역할과 기능을 분담하여 업무에 종사할 수 있게 한다. 사람들은 재화가 헛되게 쓰이거나 버려지는 것을 미워할 것이고, 사사로이 감추어 두는 것을 금할 것이다. 힘은 사람이 노력하는 만큼 자기 몸에서 나오는 것이지만, 그 노력을 반드시 자기 자신의 사사로운 이익을 위해서만 쓰지는 않을 것이다. 그러한 까닭에 간사한 꾀는 막히고, 뿌리 뽑혀 일어나지 않으며, 절도나 강도 등 부정부패가 일어나지 않을 것이다. 그러므로 문을 걸어 잠그고 세상을 믿지 못하는 일이 없을 것이다. 이러한 세상을 천하가 공동의 윤리를 모두 공유하는 대동 사회라고 말하는 것이다.

(심창호, 2001: 72 재인용)

대동 사회는 특정한 개인이 잘 사는 사회가 아니라 모두가 함께 사는 세상, 모두가 잘 사는 사회를 말한다. 오늘날의 적용하면 성장과 분배가 균형적인 복지사회라고 할 수 있다. 복지사회는 사회적 약자의 대한 배려이며 공동체라는 인식이 전제되어야 한다.

자신의 세금으로 많은 사람이 혜택을 받을 수 있다면 그것은 개인에게 큰 영광이라고 할 수 있다. 세금을 많이 내지 않기 위해 탈세를 하는 일이 있다. 이러한 일은 베풀지 못하고 소유하려는 속성이 크기 때문이다. 이웃도 가족이라고 생각한다면 생각할 수 없는 일이다.

대동 사회는 사회, 정치, 경제 등 다양한 분야에서 노력해야 하는 일이지만 무엇보다. 스포츠로 대동 사회를 실현할 수 있다는 생각을 가지게 되었다. 이러한 생각은 2002년 월드컵 축구를 체험한 입장에서 온 국민이 하나가 될 수 있는 것은 스포츠의 힘이라고 생각하였다. 하지만 월드컵 축구가 끝나고 뜨거웠던 분위기는 쉽게 잊혀졌다. 우리가 늘 생각하고 잊지 말아야 하는 말 중에 "2002년을 생각하자"는 말을 추가해 보자. 항상 생각하고 어떻게 하면 함께 하는 세상, 공동체를 만들 수 있을까를 생각해야 한다.

최근 세월호 사건으로 어린 고등학생들이 많이 희생되었다. 어른들의 기다리라는 말을 믿고 따랐던 학생들이 죽어야 했던 아픈 현실이다. 모든 국민들이 슬픔을 함께 나누며 어린 학생들과 희생자들을 위해 위로와 격려를 하였다. 국민 모두가 자신들의 딸, 아들과 같이 생각하고 피해자 가족들에게 힘내라고 응원의 메시지와 고인이 된 학생들을 추모하고 있다. 누가 시킨 것이 아닌 모두가 아픔을 공유하는 마음을 가지고 있었기 때문이다. 우리 사회가 대동사회가 될 수 있다는 희망의 끈을 발견하는 예라고 할 수 있다. 기쁠 때나 슬플 때나 함께 할 수 있다는 것을 보여준 사례이다.

다음은 공정한 사회를 만들기 위해서 스포츠가 할 수 있는 방안이다(이학준, 2010).

공정한 사회를 만들기 위한 전제조건은 공정한 사회란 무엇인가와 공정한 사회와 스포츠의 관계를 밝히는 것이다. 공정한 사회란 '개천에서 용이 나는 사회'라고 회자되고 있다. 사교육이 턱없이 부족한 계층이나 보통 사람들 중에서 공정한 기회와 게임을 통하여 사회의 중심축으로 등장하는 것이다. 공교육은 시작부터 불공함을 보여주고, 부모의 직업이 자식의 직업으로 대물림하는 시대에 공정한 사회를 위해서 스포츠가 할 수 있는 방법은 페어플레이 정신의 실천이다. 페어플레이는 스포츠 그 자체만이 아니라 세상으로 확산될 수 있는 훌륭한 가치이다. 현재 우리 사회에서 적어도 스포츠만큼은 공정한 게임을 하고 있다고 생각된다.

유독 우리 사회가 페어플레이를 강조하는 이유는 페어플레이를 실천하지 않기 때문이다. 기회 있을 때마다 페어플레이를 외치지만 현실은 그 반대이다. 특권과 반칙이 우리 사회를 지배하고 있기 때문이다. 페어플레이는 하나의 구호가 아니라 희망이다. 희망으로 세상살이에 실천할 수 있도록 페어플레이의 자발적 실천이 요구된다. 이를 위하여 엘리트체육, 생활체육, 학교체육에서 페어플레이 교육과 실천이 이루어져야 한다.

페어플레이교육의 걸림돌과 디딤돌이 있다. 우선

걸림돌은 현상과 결과로서의 승리만을 강요하는 우리 사회의 승리에 대한 인식의 문제와 그 결과 과열된 경쟁과 승부욕으로 표출되어 나타나는 체벌을 빙자한 폭력, 성폭력, 승부조작 등의 문제이며, 능동적이고 자발적으로 페어플레이에 대한 실천의지의 결여에서 찾을 수 있다. 디딤돌은 페어플레이 교육의 강화이다. 교육이 시작되는 어린 나이부터 도덕 교과서를 강조하는 것이 아니라 스포츠 참가를 통해서 규칙 준수와 공정한 게임에 대한 의식을 형성할 수 있다면, 이것이 나아가 공정한 사회의 시작이 될 수 있다.

스포츠참가를 통해서 강제성보다는 자발적으로 공정한 게임에 대한 의식을 형성시킬 수 있다면, 사회에서도 공정한 사회로 이어질 개연성이 높다. 이미 스포츠참가를 통하여 공정한 게임에 대한 체험을 했기 때문에 실천의지력만 강화하면 문제가 없다. 공정한 사회 또는 공정사회를 위한 스포츠의 기여는 페어플레이 정신과 교육을 통하여 모든 분야에서 공정한 게임을 할 수 있도록 하는 일이다.

제2부

행복한 스포츠

1장. 서론

우리 시대 사람들의 주된 관심사는 행복, 건강, 웰빙, 힐링, 운동 등이다. 얼마 전까지만 해도 주변에 웰빙이 들어가지 않은 것이 없을 정보로 웰빙이 한참 동안 화두였다. 최근에는 힐링이 대세라고 할 수 있다. 그만큼 삶이 고통스럽다는 것을 방증한다.

현실에서 삶이 불행하면 불행할수록 행복에 대한 갈망이 크다. 만약 지금 행복하다면, 행복에 대한 관심이 그리 높지 않을 것이다. 힐링 역시 현실에서 고통이 심하기 때문에 상대적으로 치유에 대한 관심이 높아지고 있다. 힐링(치유)을 필요로 하는 사람들이 생각보다 많다는 것을 말해 준다. 정신적 외상을 가진 국민들이 넘쳐나고 있음을 말한다.

여기저기 힐링과 관련된 강좌가 열리고 대형 서점가에는 힐링에 관한 책들이 쏟아져 나와 있다. 먹고 살기 바쁜 시절에는 생각해보지 못했던 문제다.

사회는 힐링이 필요한 사람들이 늘어만 가고 있다. 미디어는 지속적으로 힐링이 필요하다고 강조하고 있다. 현실에서 따뜻한 대화가 사람들 사이에서 점점 사라지고 그 결과로 고독한 군중만이 있을 뿐이다. 힐링이 필요한 사람들에게 왜 사냐고 물으면 대부분 '행복해지기 위해 산다'고 답한다. 그렇다면 행복이 무엇이냐고 되물으면 가족의 건강, 잘 먹고 잘 사는 것이라고 간략하게 말한다.

티베트에 가면 세 가지가 없다고 한다.

첫 번째는 '우울증'이 없다고 한다. 정신적 스트레스가 많지 않고 적당한 방식으로 해소하기 때문이다. 그렇게 큰 욕심 없이 현실을 만족하고 내세를 기원하는 삶을 살아가고 있기에 욕구불만을 가지지 않고 심리적 불안감도 없기 때문에 우울증이 나타나지 않는 특성이 있다. 따라서 우울증이 없기에 두 번째로 '정신병원'이 없는 것은 당연한 일이다. 우리 사회처럼 늘어나는 정신병원은 그만큼 심리적 안정을 찾지 못하고 불안정한 심리와 스트레스, 정신적 질환을 많이 가지고 있다는 것을 말한다. 무한 경쟁에 살아남기 위해서 심리적 안정보다는 긴장의 연속과정에서 미래에 대한 공포가 앞서기 때문이라고 할 수 있다.

마지막 세 번째로 티베트에는 '자살' 하는 사람이 없다고 한다. 세계에서 가장 자살을 많이 하는 우리나라는 우울증과 심리적 불안정, 미래의 불확실성, 과도한 긴장이 원인이 되어 자살을 감행하는 사람들이 늘어나고 있다. 자살의 주원인은 경제적 빈곤뿐만아니라 질병의 고통, 고독 그리고 소외 등 다양한 원인이 작동하여 나타나고 있다. 특히 10대 학생들의자살은 입시공화국이라고 할 정도로 과도한 학업으로인하여 학생들을 자살로 몰아가고 있다. 등수, 성적에 목을 매다 보면 조그만 실수도 용납하지 않기에삶이 긴장의 연속이다. 그 결과가 자살로 이어진다고 하겠다.

　모든 사람들이 유한한 삶에서 궁극적으로 추구하는 것은 행복이라고 할 수 있다. 행복이 돈이라고 생각하는 사람은 부지런히 돈 버는 일에만 관심을 가지고 열심히 돈을 벌어들인다. 돈만 있으면 행복해질 수 있다는 믿음은 변함이 없다. 그 끝은 알 수가 없다. 가지면 가질수록 돈에 대한 욕심이 증가하게 된다. 그 결과 돈의 노예가 되어 가고 있다. 이 같은 것은 멈추지 못하는 소유적 삶의 전형이다. 일에서 행복을 찾는 사람들은 일의 중독자가 되고 있다. 이러한 현상에 대하여 에릭 프롬은 존재적 삶의 필요성에 대하여 말하며 소유와 존재적 삶의 조화로서 '생산적 소유의 삶'을 제시하였다.

　행복은 인간만의 질병이라고 한다. 그런데 고칠 약도 없다. 암도 고치고 있는데 행복이라는 질병은 고칠 수가 없다고 한다. 돈, 권력, 명예에 의해서 고칠 수 있을 것 같은데 실제로 고칠 수가 없다고 한다. 만족을 모르기 때문에 돈, 권력, 명예의 끝을 보지 못하기 때문이다. 그러므로 행복은 인간의 고유한 질병이라고 할 수 있다.

이 글의 목적은 전인적 건강이 삶의 수단이 아니라 목적이라고 전제하고 전인적 건강을 실현하는 것이 행복이라는 주장을 정당화하는 일이다.

지금까지 건강은 행복을 위한 조건에 지나지 않았다. 건강은 삶의 수단이지 목적이라고 감히 말할 수 없었다. 이러한 현실에 대하여 반박하는 주장을 하려고 한다. 건강에 대한 오해로 인하여 제대로 된 건강 개념에 대하여 숙지하지 못하고 있어서 건강 지상주의가 생겨났고 그 폐해가 나타나고 있다. 그 결과 신체적 건강만이 건강이라고 착각하게 만들었다.

행복은 간단히 정의할 수 있는 용어가 아니다. 일단 행복은 주관적인 정의를 떠나서 누구나 공감할 수 있는 행복으로 정의되어야 한다. 이를 위해서는 충분한 근거들이 제시되어야 한다.

예를 들어, 지금까지의 논의된 행복에 대한 생각들을 정리하면 다음과 같다.

쾌락 = 행복, 건강 = 행복, 수입(돈) = 행복, 윤리 = 행복

등이다. 단순히 주장만 하고 근거가 부족하다면 동의를 얻을 수 없는 문제로 남을 수 있다. 이러한 주장에 대한 비판적 검토가 필요하다. 쾌락이 행복이라면 자학적인 쾌락, 비생산적 쾌락, 쾌락의 역설은 어떻게 이해해야 하는가? 신체가 건강함에도 불구하고 불행한 것은 어떻게 봐야 하는가? 경제적으로 수입이 풍족함에도 불구하고 불만이 생기는 것은 어떻게 받아들여야 하는가? 윤리적인 삶을 살고 있는 데도 불구하고 신체적으로 건강하지 못해 질병으로 고생하고 있다면, 과연 행복하다고 말할 수 있을까? 이 외에도 다양한 반론을 제기될 수 있다.

철학에서 행복(좋은 삶)에 관한 3개의 이론을 살펴보면, 첫 번째 쾌(快)라고 불리는 특정 종류의 심리상태가 행복의 실체라고 주장하는 '쾌락주의 이론', 두 번째 욕구의 만족을 행복의 요체로 보는 '욕구만족이론', 세 번째 개인적·심리적 반응이나 욕구의 만족

여부와 독립적으로 어떤 항목들이 구현되기만 하면 그의 삶이 좋아진다는 입장의 '객관적 리스트 이론' 등으로 구분한다.

여기서 말하는 행복은 객관적 리스트 이론에 가장 근접한다고 볼 수 있다(주동률, 1998). 그 이유는 다양한 것들에 의해서 행복이 형성되는 것이지 한 가지만을 통해서 얻을 수 있는 것이 아니기 때문이다. 행복을 형성하는 객관적 리스트는 다음과 같다.

▶ 윤리적으로 선함, 합리적 행위, 개인의 능력 개발, 지식을 갖는 것과 훌륭한 부모가 되는 것, 지식, 그리고 미의 인식(parfit, 1984)

▶생명, 지식, 유희, 미적 경험, 사회성(우정), 실천적 합리성, 그리고 종교(Finnis, 1980)

▶성취, 인간을 주체로 만드는 기본 요소들(자율성, 신체적 활동 능력들, 여러 종류의 자유들), 그 자체로 추구되는 이해, 아름다움의 지각이나 일상적 삶의 결에서 느끼는 즐거움, 진정한 상호적 우정이나 사랑과 같은 깊은 개인적 관계들(Griftin, 1986)

▶건강, 정신적 육체적 기능, 향수, 개인적 성취,

지식 혹은 이해, 밀접한 개인적 관계들, 개인적
자유 혹은 자율성, 자기 가치의 느낌, 의미 있
는 직업, 그리고 여가활동(Sumer, 1996)
▶개인적 애정과 우정, 의미 있는 일과 사회적 협
력, 지식의 추구, 미적 대상의 제작과 관조
(Rawls, 1971).

앞의 내용들을 정리하면 행복의 구성요소들은 네
가지이다. 첫째, 자율성 혹은 자신의 목적을 세우고
실천하는 능력. 둘째, 인식과 이해의 증진. 셋째, 우
정과 가족 등 내밀한 인간관계. 넷째, 미적 대상과
일상적 삶의 결에 대한 향수 등이다(주동률, 2005).

행복한 삶은 어느 한 가지만으로 구성되는 것이
아니라는 것을 알 수 있다. 행복을 위해서 필요한 조
건 중 하나가 건강이다. 건강하지 못하면 자신의 자
아를 실현하지 못하기 때문에 행복을 얻기가 생각만
큼 쉽지 않다. 건강한 다음에 자신이 목적하는 바를
성취할 수 있다. 행복을 원한다면 건강해야 하는 당
위를 확인할 수 있다. 건강하지 못하면 행복을 얻기

가 쉽지 않다. 건강 문제가 제기되는 이유다.

그렇다면 건강만 하면 행복할 수 있을까? 이 물음에 답하기 위해서는 건강이 삶에 목적이냐 아니면 수단이냐 하는 질문부터 답해야 할 것 같다. 이를 구체화하면 다음과 같다.

첫째로 행복을 결정하는 요인으로 건강·운동·쾌락의 개념을 알아보는 것이고, 둘째로 전인적 건강과 행복한 삶의 관계를 밝히고 운동을 통한 행복의 길에 대하여 알아보고자 한다.

2장. 행복의 조건

행복은 정의하는 학자 수만큼 존재한다. 그만큼 행복을 정의하기 어렵다. 주관적으로 다양하게 행복을 정의할 수 있다. 행복은 인간만이 앓고 있는 공동의 병이다. 행복이란 병은 약으로도 고칠 수도 없다. 돈과 권력, 명예에 의해서도 해결될 수 없는 심각한 질병이다.

그러나 희망은 있다. 행복에 대한 집착을 버리면 행복해질 수 있다. 가장 행복한 것은 행복에 대하여 잊고 행복하게 사는 것이다. 행복이 쾌락이라 생각하고 고통 — 쾌락의 원리를 쫓다 보면 언제나 삶은 부패하고 저하되고 타락되고 만다. 돈만 있으면 하지 못할 것이 없다고 생각할 수 있지만, 행복은 돈으로 살 수 있는 것이 아니다. 돈의 여유는 인간을 행복하게 만들 수는 있지만 일정한 수준 이상에서는 윤리적으로 합당한 삶이 인간을 행복하게 만든다. 그렇다면 참된 행복이란 무엇인가. 이를 탐구하기 위해서 우선 건강, 운동, 쾌락에 대한 기본적인 정의에 대한 고찰이 필요하다.

1. 건강

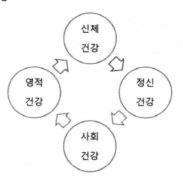

[그림 7] 전인적 건강의 모형

건강하면 제일 먼저 떠오르는 것이 신체적 건강이다. 그렇기 때문에 건강을 위해 보약, 강장제, 비타민, 영양제 등을 대량으로 복용한다. 그 다음의 등장한 것이 정신건강이다. 정신건강의 중요성이 제기되면서 체육학 역시 운동을 통해서 정신건강을 얻을 수 있다는 일련의 논문들에서 운동을 하면 스트레스 해소와 우울증을 개선할 수 있다는 자신감을 보여주고 있다. 우리 사회가 가지고 있는 건강 개념에 대한 이해는 신체적 건강이라는 것을 확인할 수 있다. 이는 건강 개념에 대한 올바른 이해를 하지 못한 경우라고 하겠다. 건강은 신체적 건강만이 아닌 전인적 건강 개념에 대한 이해가 필요하다.

> 유기체의 신체적, 심리적, 사회적, 영적 수준은 독립적으로 존재하기보다는 밀접하게 상호 작용하며, 총체적 균형을 형성하므로 이를 전인적 건강 상태라고 할 수 있다. (현성용 외, 2010)

건강은 신체적 건강에 국한하여 사람들은 알고 있지만 조금만 관심을 가지고 사전을 찾아보면, 건강은 신체, 정신, 사회, 영적으로 안녕의 상태를 지칭하는 전인적 건강을 말하고 있음을 확인할 수 있다. 건강에 대한 오해로 인하여 제대로 된 건강교육이 이루어지지 못했다. 건강의 다차원적 접근을 통해서 신체적 건강 이외에 다양한 건강을 위한 노력이 필요함을 알 수 있다.

운동의 필요성에 대하여 자각하는 근거는 바로 신체적 건강에 대한 생각에서 시작된다. 신체적으로 건강하지 못할 때 우리는 운동이 필요하다는 것을 느끼고 운동을 해야 한다는 일종의 강박관념을 가지게 된다. 건강을 위해 운동을 해야만 한다는 강박관념이 역으로 건강을 해치는 경우가 생길 수 있다.

그렇다면 건강은 삶의 수단인가 혹은 목적인가에 대한 질문에 대한 답을 찾아야 한다. 삶의 궁극적 목적이 행복이라고 한다면 건강은 행복을 실현하기 위한 전제조건, 즉 수단이 되고 만다. 그것도 신체적 건강 또는 체력이 우선해야 자아를 실현할 수 있다는 논리가 적용된다. 신체적으로 건강하지 못하면 자신이 하고 싶은 일을 성취하지 못하게 됨으로써 건강이 우선적으로 요구된다. 그러므로 건강은 행복을 위한 수단으로 전락하게 된다.

관점을 바꾸어서 보면, 건강은 곧 행복이라는 주장을 정당화할 수 있다면 건강은 삶의 목적이 될 수 있다. 어떻게 건강이 행복이라고 단언할 수 있는가를 살펴보자. 건강은 신체적 건강만을 지칭하는 것이 아니라 전인적 건강을 말하는 것이기 때문에 신체, 정신, 사회, 영적으로 건강하다면, 온전한 인간이 된다. 그것은 행복의 다른 이름이라고 할 수 있다. 건강을 추구하는 그 자체가 행복이라고 생각하면, 건강은 목적이 된다. 이상적 인간의 모습은 신체, 정신, 사회, 영적으로 건강한 인간이다. 우리가 추구하는 이상적 인간은 전인적 건강과 의미가 같기에 전인적 건강을 추구하는 자체가 행복이라고 할 수 있다.

2. 운동

우리 사회는 건강에 대한 지나친 관심으로 인하여 건강 지상주의가 문제가 되고 있다. 건강 지상주의는 그 자체가 문제를 갖고 있다. 건강에 대한 과도한 집착과 운동을 해야 한다는 강박관념은 건강을 도리어 위태롭게 할 수 있다(이학준, 2006).

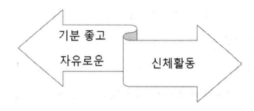

[그림 8] 운동 = 기본 좋고 자유로운 신체활동

건강만을 위한 운동은 무리하게 운동을 하게 되어 몸을 피로하게 만들 수 있다. 자발적이며 적극적으로 운동을 하지 않는 이상 운동은 재미가 사라지고 기계적인 운동만을 하게 될 가능성이 높다. 그 결과 몸에 피로만 쌓이게 된다. 재미없는 운동은 일의 연장이며, 또 다른 일을 하는 일상의 노동자가 되고 만다.

지나친 운동은 우리 몸에서 산소독이라고 하는 활성산소를 만들어 내기 때문에 건강에 해롭다고 한다. 활성산소는 좋은 세포를 잡아먹어 면역체계를 붕괴시

커 질병과 노화를 촉진한다. 스포츠는 몸에 나쁘다고 주장하는 근거도 지나친 운동이 활성산소를 만들어 내기 때문이다.

운동은 사람들의 건강과 안녕에 중요한 영향을 미친다. 사람들은 운동을 통해 근육의 강도와 지구력의 증가, 유연성의 증가, 심혈관계의 적합성 및 체중조절 등을 이루려 한다. 운동을 포함한 신체활동은 체중조절에 있어서 식사조절만큼이나 효과가 있으며, 신체의 지방과 근육의 비율을 변화시키는 데는 식사조절보다 더 우월한 효과를 보인다.(현성용 외, 2010; Downward, P & Rasciute, S, 2011).

이처럼 운동의 효과는 임상실험을 통해서 다양하게 확인되고 있다. 운동과 건강의 관계는 실증적 연구를 통해서 그 효과를 증명해 주고 있다. 혈압, 혈당을 강하시키는 효과뿐만 아니라 정신적 안정과 체중 유지에서 그 효과가 있음을 밝히고 있다.

하지만 지나친 운동은 몸에 나쁘기 때문에 적당한 운동을 해야 한다. 적절한 운동은 기분 좋은 신체활동이라고 할 수 있다. 운동은 신체활동과 구분된다. 구체성과 목적이 분명하기 때문에 신체활동과는 확연히 구분된다.

운동은 일종의 신체활동이다. 그냥 단순한 신체활동이 아니라 건강을 목적으로 하는 기분 좋은 신체활동이다. 강제적이며 재미없는데도 불구하고 생존을 위한 신체활동이라면 그것은 일이라고 할 수 있다. 교육을 목적으로 하는 신체활동은 체육이고, 재미를 목적으로 하는 신체활동은 스포츠이다. 그리고 건강을 목적으로 하는 신체활동은 운동이다.

운동과 건강은 밀접한 관계를 가지고 있어서 의사와 체육학자들은 건강과 운동의 관계에 대하여 의학적이며 보건학적인 입장에서 같은 생각들을 가지고 있다. 연구 또한 건강과 운동의 관계, 운동의 효과, 운동이 건강증진에 미치는 영향에 대하여 다룬다. 건강을 위해 운동이 필요하고 운동을 통해서 건강증진을 할 수 있다고 주장한다.

3. 쾌락

스포츠 혹은 운동을 하는 주된 이유들 중에 하나가 즐거움이다. 즐거움은 다양한 용어로 사용되고 있다. 재미, 즐거움, 기쁨, 쾌락 등이다.

이 모든 용어들이 어떠한 차이를 가지고 있을까. 즐거움은 모두 같은 즐거움인가. 동양에서도 맹자(孟子)가 '군자삼락(君子三樂)'을 이야기 했다.

첫째, 하늘을 우러러 보고, 땅을 굽어봐도 부끄러움이 없는 것

둘째, 부모형제가 무고하고 모두가 건강한 것

셋째, 천하의 영제를 얻어서 그를 교육하는 것.

여기에 임금 노릇하는 것은 포함되지 않는다고 말하였다.

[그림 9] 쾌락, 열락, 희락의 통합성

맹자는 윤리, 건강, 교육에서 행복을 찾고 있다. 동아시아의 이상적 인간은 군자, 성인에서 찾는다. 선비들은 평생을 윤리적 인격완성을 위해 몸과 마음가짐을 하고 용맹정진하였다.

에리히 프롬(1947)은 쾌락의 유형을 4가지로 구분하였다. 생리적 긴장 해소에 수반되는 감정으로서의 쾌락(신체적 운동욕구 충족), 심리적 긴장 해소에 수반되는 감정으로서의 쾌락, 어떤 종류의 직업 성취에 수반되는 즐거움, 긴장의 이완에 수반되는 쾌락 등이다.

욕구가 충족되지 않는 결여를 충족시켜주는 데서 생기는 만족감을 쾌락이라고 하고, 어떤 것을 성취하는 데서 얻을 수 있는 만족감을 희락이라고 한다. 희락은 일종의 자아실현, 즉 인간의 잠재적 가능성인 독자적 실현의 즐거움이라고 할 수 있다. 그것은 내적인 노력, 즉 생산적 활동의 노력을 전제로 한다(Fromm, 1947).

운동에서 생성되는 희락은 운동하는 과정에서 아름다운 것, 선한 것, 참된 것(眞善美)에 대한 가치의 지향성과 추구에서 얻어지는 것이다. 그리고 폴 틸리히는 희락보다 한 차원 더 깊은 즐거움을 열락(blessedness)이라고 하였다. 희(喜)보다 한 차원 높은 열(悅)이라는 한자로 해석한 분은 고범서이다.

> 행복한 삶의 행복은 참된 행복이고, 참된 행복은 쾌락, 희락, 열락 세 가지가 상하의 위계질서를 유지하는 가운데 전체로서 하나의 통합성을 이룩할 때 주어지는 것이라고 하였다. (고범서, 1994)

우리가 쾌락만을 추구해서 안 되는 이유에 대하여 고범서는 다음과 같이 말하였다.

> 쾌락 추구를 삶의 목적 그 자체로 삼으면 삶이 가지고 있는 희락과 열락의 차원을 무시하거나 그러한 차원에 관심이 없고 무감각해지는 결과를 초래한다. 그렇게 되면 삶이 물질적 및 본능적 쾌락만을 추구하게 되고, 그뿐만 아니라 더 강하고 더 새로운 쾌락을 계속 추구하다가 물질, 본능적 쾌락만을 추구하는 향락주의와 도덕적 방탕에 빠져서 삶의 저속화와 타락과 부패에 떨어져서 마침내 삶의 파국을 초래하고야 만다. (고범서, 1994)

앞의 쾌락, 희락, 열락을 스포츠에서 적용하여 스포츠 삼락을 재구성하였다. 스포츠에서 첫 번째 즐거움은 쾌락(快樂)으로서 신체 활동적 욕구 충족의 즐거움이며, 레저스포츠에서 체험할 수 있는 즐거움이다. 두 번째 즐거움은 희락(喜樂)으로서 성취욕, 자아실현의 즐거움으로 운동경기에서 발견되는 즐거움이다. 그리고 세 번째 즐거움은 열락(悅樂)으로 영적 깨달음과 자아 인식의 즐거움이라고 규정하여 무도스포츠에서 체험할 수 있는 즐거움이라고 정리하였다. 그 결과 스포츠에서의 행복은 쾌락, 희락, 열락의 가치위계질서와 하나의 통합성을 통해서 얻을 수 있다고 주장하였다(이학준, 1998).

이러한 즐거움은 특정한 스포츠에서만 얻어지는 것이 아니라 모든 스포츠에서 얻을 수 있다. 다만 앞에서 예로 들었던 스포츠에서는 다른 스포츠보다는 더 큰 즐거움을 얻을 수 있다는 것이다.

3장. 전인적 건강과 운동, 그리고 행복한 삶

건강과 운동의 관계에 관한 자연과학적 연구는 넘쳐나고 있다. 운동을 하면 신체적으로 건강해진다는 것을 힘주어 주장하고 있다. 여기서 우리가 간과하고 있는 것은 건강에 관한 생각이다. 일반적으로 건강이라고 생각할 때 우리 머리에 떠오르는 생각은 신체적 건강이 전부라는 것이다. 건강하면 신체적 건강을 말하며 그 이상은 말하지 않는다. 신체적 건강이 건강의 전부라고 인식하게 되어 그 외의 정신적, 사회적, 영적 건강에 대하여 무관심하게 만든다.

하지만 건강은 세계보건기구(WHO)에 따르면 신체

적, 정신적, 사회적, 영적으로 아무런 문제가 없는 상태를 지칭하는 전인적 건강이라고 할 수 있다. 건강이 신체적 건강만이 아니라는 사실을 알 수 있다. 그렇다면 건강과 운동의 관계 역시 자연과학적 효과 이외에 인문학적 효과에 대한 연구가 필요하다는 것을 의미한다.

신체, 정신, 사회, 영혼을 위한 운동효과는 다양한 관점에서 시도할 수 있다. 일상생활에서 전인적 건강을 위해서 노력한다면 삶이 행복해질 수 있다. 왜냐하면 행복한 삶은 전인적 건강을 추구하는 운동을 통해서 얻을 수 있기 때문이다.

1. 신체건강과 면역력

인간은 누구나 1,000~1,500개의 암세포를 가지고 있지만, 몸의 면역 체계만 제대로 작동하면 문제가 없다. 면역은 암과 난치병뿐만 아니라 갱년기 및 노화 방지에 영향을 미친다. 면역력을 통해서 인간은 건강하고 행복하게 살 수 있다(이정환 역, 2013).

우리 몸이 조류독감, 바이러스와 싸워서 이겨낼 수 있는 것은 바로 면역력이다. 병원에서도 면역수치에 따라서 항암치료를 한다. 면역수치가 높다는 것은 우리 몸의 자연치유력이 높다는 것이며 감염을 막을 수 있다는 증거이다.

우리 몸은 외부로부터 나쁜 바이러스가 침입하면 면역력은 특공대와 같이 바이러스를 죽이는 일에 몰두한다. 면역력의 강화는 바이러스에 의한 감염과 출혈을 막을 수 있다. 이 때문에 질병에 걸리지 않고 항상성을 유지하며 건강하게 생활할 수 있다.

암환자 역시 항암치료를 통해 완치를 해도 문제가 되는 것은 재발이다. 재발을 막고 건강하게 생활하는 데 요구되는 것은 자연치유 면역력이다. 면역력은 체력에서 시작된다. 체력이 고갈되면 자연 치유력이라고 할 수 있는 면역력이 떨어져서 암이 재발될 가능성이 높다. 면역력을 강화하는 방법 중 하나가 운동에 의해서 체력을 유지하고 증진시키는 것이다. 체력이 강하다는 것은 신체적으로 건강하다는 말이다. 학자들은 신체적 건강을 다음과 같이 정의하고 있다.

신체적 수준의 이상상태는 흔히 항상성으로 알려
져 있는 신체 내부의 최적 균형 상태를 의미하는
것으로 해석할 수 있다. 변화하는 환경 속에서 이
상상태를 잘 유지할 수 있는 능력이 신체적 건강
이라고 할 수 있다. (현성용 외, 2010)

외부 환경 변화에 따라서 신체적 스트레스가 발생
하며 이에 대응하는 신체는 항상성을 유지하기 위해
활동을 하게 된다. 그 결과 신체적 항상성을 유지하
게 되는데 이런 상태를 신체적으로 건강한 상태라고
말한다. 신체적 건강은 민첩성, 순발력, 유연성, 근지
구력 등의 체력을 의미하지만 그것보다 중요한 것은
면역력 강화에서 찾아야 한다.

신체적으로 건강하여 외부의 바이러스로부터 자신
의 몸을 방어하는 기능을 강화한다는 점에서 면역력
은 중요하다. 면역수치가 떨어지면 감염과 출혈의 위
험성이 높다. 그래서 각종 질병에 노출되거나 암이
발병할 수 있다. 신체적으로 건강하다는 것은 체력뿐

만 아니라 면역력이 강하다는 것으로 말할 수 있다. 운동을 통해서 면역력을 강화하는 것은 신체 활동적 욕구를 충족하는 쾌락과 신체건강을 통해 행복한 삶을 사는 하나의 방법이다.

2. 정신건강과 심리적 행복

정신건강은 신체적 건강만큼이나 중요하다. 욕구 충족이 되지 않거나 만족과 성취도가 낮을 때 무기력하게 된다. 정신적 건강을 강화하기 위해서 감정을 정화시킬 수 있는 다양한 방법들을 찾아야 한다. 그 대표적인 것이 운동이다. 운동을 통해서 나쁜 감정을 정화할 수 있다면 운동은 심리적 안정과 행복을 보장할 수 있다고 한다. 운동이 우울증을 완화시켜준다는 주장에 대한 찬반이 있다.

운동을 해서 더 나빠지는 사람은 없지 않나? 어떤 치료나 약물도 부작용이 따른다. 그러나 운동을 처방한 환자의 경우에는 운동을 함으로써 더 불안해졌다거나 더 조급해졌다고 불평하는 환자를 본 적이 없다. 운동을 함으로써 누구나 기분이 조금은 더 좋아졌고, 운동을 하는 것 자체를 나쁘게 말하는 사람은 없었다. (김은영 역, 2005).

운동은 우울증 치료에 있어서 약물과 외과수술을 하지 않고 호전시킬 수 있는 신약과 같다고 한다. 운동을 지속적으로 하게 되면 심리적 만족과 안정을 가져오기 때문에 정신건강을 유지, 증진할 수 있다. 특히 운동 참여를 통해서 건강, 자아 존중감, 몰입을 증가시키며, 고독감을 떨어뜨리고, 스트레스를 해소하고, 기분을 전환할 수 있다는 장점을 가지고 있다. 긍정심리학에서 말하는 심리적 행복은 운동과 밀접한 관계가 있다는 것을 확인할 수 있다. 뿐만 아니라 운동 실천은 행복한 느낌을 높여준다.

운동 그 자체가 좋은 스트레스 역할을 하며 나쁜 스트레스를 날려 버리는 효과를 가져다주는 유익한 활동이다. 이러한 운동의 행복 효과는 심리적 행복이며 자아를 실현하는 성취의 즐거움(희락)이라고 할 수 있다.

3. 사회건강과 공적 행복

모든 운동이 사적 행복만을 추구한다면 공적 건강에 대한 관심과 집중이 필요하다. 공적 건강은 나개인의 행복만이 아니라 사회 구성원 모든 사람의 행복을 추구하는 것을 말한다. 팀원 전체가 함께 행복을 경험할 수 있는 것은 전체는 하나라는 인식과 자신과 더불어 타인의 행복을 위한 노력이 필요한 부분이다.

이기적으로 사적 행복만을 추구하는 것이 아니라 조직 구성원 전체가 더불어 행복을 향유할 수 있어야 한다. 운동은 개인적으로 할 수도 있지만, 동호회를 중심으로 함께 하는 경우 구성원에 대한 배려와 존중이 우선되어야 한다. 그 결과 구성원 모두가 행복할 수 있다.

공적 행복은 공적 자유를 향유할 수 있을 때 경험된다. 공적 자유란 공공의 업무에 참여하는 것이다. 이러한 참여는 부담스러운 일이 아니라 다른 곳에서 얻을 수 없는 행복감을 느끼게 해주는

일이다. 이 공적 행복은 감정적 상태를 말하기는
해도 공적 행위에 수반되어 나오는 것이다. 따라
서 공정 행복은 공적 행위 혹은 정치적 행위와
함께 한다. (김선욱, 2011)

모든 운동 동호회와 스포츠 공동체는 공적 행복을
위한 전략과 행위가 있어야 한다. 공적 행복은 구성
원 모두의 행복을 추구하는 일종의 성취욕(희락)이라
고 할 수 있다. 운동은 모두가 기분 좋은 경험을 하
고 자신감과 자아를 존중하며 자아성장의 기회를 갖
도록 해준다. 지나친 경쟁과 승패를 떠나서 모두가
함께 즐겁게 신체활동을 할 수 있는 기회를 만들어
갈 필요성이 커지고 있다.

4. 영적건강과 내적 평화

우리가 운동을 하는 것은 죽음에 대한 막연한 공
포와 두려움에서 벗어나 일시적으로 망각하기 위한
행위라고 할 수 있다. 마약, 스포츠, 음악 등에 탐닉
하는 것은 현실의 무력감을 벗어나려는 것도 있지만

궁극적으로 죽을 수밖에 없는 존재가 현실을 벗어날 수 있는 방안이라고 생각하기 때문이다. 그것은 일종의 일탈이라고 할 수 있다.

세계보건기구에서 영적 세계를 인정하고 영적 건강에 대하여 주목하게 되었다. 국내 체육 분야에서 처음으로 김옥태(2005)가 「전인건강으로서의 영적 건강」에 관한 논문에서 체육 분야에 영적 건강에 관심을 가질 것을 제안하였다. 영적 건강을 꼭 종교를 통해서만 얻게 되는 것이 아니다. 종교와 관련 없이 명상과 요가 등과 같은 정적 활동을 통해서도 얼마든지 가능하다. 그렇다면 영적 건강이란 무엇을 의미하는지 그 개념에 대하여 알아보자.

Smith(1993)의 의하면, 영적 건강이란 다음과 같다. 질병의 부재가 아닌 안녕의 상태, 자연과 화평하고 환경과 조화를 이룬 실존 상태, 자신이 수용되고 경청되며 가치 있는 존재로 받아들여지고 있다는 느낌을 포함하는 개인적 통제와 권능감, 자신의 심층적 측면, 다른 사람들 및 선한 것으로 간주되는 모든 것들과 연결되어 있다는 느낌, 의

미와 목적감, 희망과 긍정적 기대 갖기 등으로 정
의하고 있다. <small>(김교헌, 1999)</small>

이러한 개념 내용은 내적 평화로 수렴된다. 내적
평화는 기도만을 통해 도달할 수 있는 것이 아니다.
관점 전환과 자기 수련을 통해서 개인의 내적 평화
의 단계에 도달할 수 있다. 내적 평화는 '고요한 희
열'이라고 표현할 수 있으며 이러한 상태를 체험하고
내적으로 안정된 상태를 유지하는 가운데 평화를 성
취할 수 있다.

내적 평화는 사람의 태도를 바꿀 수 있다는 점에
서 어떤 것보다 파괴력을 가진 무서운 힘을 보여준
다. 요가, 명상, 스트레칭, 태극권 등 정적 운동을 통
해서 영적 건강을 추구할 수 있다. 마음 챙김은 요가
를 통하여 심신이 분리되지 않고 의식이 하나로 만
나게 될 때 내적 평화에 다다르게 되는 것이다.

일본의 사무라이들은 내적 평화, 부동심 그리고 죽
음의 공포에서 벗어나기 위해 선불교, 참선을 통해서
부동심을 유지했다고 한다. 우리가 하고 있는 운동

역시 적극적이고 활동적인 운동뿐만 아니라 정적 운동을 통해서 마음의 평화를 얻을 수 있다.

예를 들어 장자가 말한 마음을 비우라는 말처럼 스포츠에서도 승리, 기록, 결과에 대한 집착에서 벗어나야 한다.

명예, 부, 권력이라는 외물에서 탈피하고, 그리고 타자의 시선, 평가, 의식에서 멀어질 때 마음의 평화를 얻게 된다. 이 모든 것을 내려놓고 행위 자체에 집중하게 되면 내적 평화에 도달할 수 있다(이학준, 2013a, 2013b). 이처럼 우리가 운동을 통해 얻게 되는 내적 평화는 열락(悅樂)에 해당하며, 그 결과는 영적 건강으로 나타난다.

4장. 결론

지금까지 행복에 대하여 알아보았다. 행복은 간단하게 요약하여, 전인적 건강이라고 주장을 하였고 그 실천방법을 운동에서 찾아보았다. 행복한 삶을 위한 조건을 전인적 건강(건강)과 기분 좋고 자유로운 신체활동(운동), 그리고 쾌락, 희락, 열락의 통일성(쾌락)에서 찾아보았다. 행복은 어떤 하나의 조건으로 얻어지는 것이 아니라는 것을 전제로 행복한 삶에 대하여 논의하였다.

전인적 건강을 행복이라고 단정할 수 있는 근거는 건강에 대한 올바른 이해에서 시작된다. 세계보건기구(WHO)에 의하면, 건강은 신체, 정신, 사회, 영적으로 안녕한 상태를 말한다. 건강은 한 가지 부분만으로 정의할 수 있는 것이 아니라 다차원적, 전인적으로 정의하고 있다. 그러므로 전인적 건강은 삶의 수단이 아니라 목적이라고 할 수 있다.

건강이 삶의 목적이라면 건강 그 자체가 행복이라고 주장할 수 있다. 행복하기 위하여 건강이 필요한 것이 아니라 건강 그 자체가 행복이며, 삶의 목적이 될 수 있다는 것이다.

전인적 건강은 우리가 지향하는 완성된 인간의 모습과도 만나게 된다. "건강은 질병이 없는 상태라기보다는 일생을 통해 끊임없이 추구해야 할 완전성(perfection)과 온전성(wholeness)이다"(김교헌, 1999).

전인적으로 건강한 사람을 이상적 인간이라고 할 수 있다면, 행복한 삶을 위하여 우리가 무엇을 해야 하는지 분명하게 드러난다. 지금까지 우리 사회는 건강이라고 하면 신체적 건강이 건강의 전부라고 생각해서 건강을 위해서는 운동을 해야 되고 보양식을 먹고 비타민과 보약을 섭취하면 된다는 생각을 가지고 있었다. 하지만 건강은 신체적 건강만이 전부가 아니라는 점과 다른 건강이 더 중요하다는 것을 다시 생각해 봐야 한다.

체육학 역시 신체건강과 정신건강만이 아니라 사회적 건강과 영적 건강을 위한 연구와 교육이 요구된다.

행복한 삶을 위하여 전인적 건강이 필요할 뿐만 아니라 행복한 죽음을 위해서도 전인적 건강이 필요하다. 행복한 죽음은 행복한 삶의 다른 이름이다. 행복한 죽음은 삶을 잘 마무리하는 인생의 마지막 단계이기에 잘 죽기 위해서는 삶 자체가 아름다워야 한다. 그래서 에릭 프롬의 말처럼, "삶은 하나의 예술작품이 될 수 있다." 행복한 죽음을 맞이했는가는 그 삶이 아름다웠는가에 달려 있다. 하나의 예술작품은 행복한 죽음과 연결되어 있다.

행복한 죽음을 맞이하기 위하여 우리가 추구해야 할 삶의 모습은 전인적 건강에서 찾을 수 있다. 건강을 한번 잃었던 사람들은 건강의 중요성에 대하여 강조하지만 문제는 실천이다. 어떻게 하면 전인적 건강을 현실에서 실현할 수 있는가 하는 문제이다.

우리가 운동을 하고 음악을 듣고 그림을 그리고 다양한 문화 활동을 향유하는 것은 삶의 사치가 아니라 삶을 풍부하게 하는 것이다. 인간의 문화를 향유하는 것은 인간의 품격을 높이는 일이기도 하기 때문이다. 전인적 건강을 실현하기 위해서, 운동의 생활화가 우선적으로 필요한 이유도 여기에 있다.

운동을 통해서 신체 건강과 정신 건강만을 추구하는 것이 아니라 사회 건강, 영적 건강에 관한 문제역시 관심을 가지고 해결할 수 있는 방안에 대한 고민과 연구가 있어야 한다. 뿐만 아니라 운동효과를 유지하기 위해서 운동 지속과 실천이 있어야 한다. 왜냐하면 운동은 신체적 건강만이 아니라 정신 건강, 사회 건강, 영적 건강을 유지할 수 있는 잠재력을 가지고 있기 때문이다.

신체 건강은 운동을 통해서 면역력을 강화하는 일이다. 외부의 바이러스 침입에서 자기 몸을 지키기 위해서는 면역력이 필요하다. 면역력이 강화면 어떤 바이러스에도 감염이 되지 않고 건강한 몸 상태를 유지할 수 있다. 그 결과 자신이 하고 싶은 일을 찾아서 적극적으로 참여하고 실천할 수 있게 된다.

정신건강은 심리적 행복에서 찾을 수 있다. 심리적 행복은 주관적 안녕이라고도 한다. 운동은 신체 활동적 욕구를 충족시켜 주면 그 결과 심리적 행복감을 높여준다. 이는 심리적 욕구를 충족시키는 과정에서 행복한 마음이 증가되는 결과라고 할 수 있다.

사회적 건강은 공적 행복과 운동의 관계에서 찾을 수 있다. 사적 건강은 개인 삶의 만족도가 높은 차원에서 찾을 수 있지만, 공적 행복은 조직, 공동체, 사회, 국가 구성원 모두가 행복감을 충분하게 느낄 수 있는 행복이다. 내적 평화는 마음이 안정되고 평화로운 상태를 말하다.

결국, 운동을 통한 행복한 삶은 객관적 리스트 이론에 의하여 어느 한 가지만으로 행복이 완성되는 것이 아니다. 운동 역시 행복을 결정하는 것들 중에 하나에 불과할 뿐이다. 우리가 주목한 것은 전인적 건강이 완전성과 온전성의 의미를 가지고 있기 때문에 행복이라고 주장했다. 그래서 전인적 건강을 위한 운동의 필요성에 대하여 역설하였다.

전인적 건강추구를 위한 운동에서 만나게 되는 쾌락, 희락, 열락의 가치위계질서가 하나의 통합성을 이룰 때 삶의 행복이라고 할 수 있는 참된 행복이 가능하다.

운동에서 행복의 윤리가 필요한 것은 운동이 저급하고 유치한 수준으로 타락하는 것을 막는 일이다. 운동을 윤리적으로 행하는 데 걸림돌이 되는 것은 무지와 욕심이다. 그렇기 때문에 윤리가 무엇인지에 대하여 알지 못하면 윤리적으로 살아갈 수가 없다. 윤리를 알고 있어도 욕심이 지나치면 이해와 판단을 왜곡할 수 있어 운동을 윤리적으로 행하는 것은 불가능하다.

운동에서 윤리는 자동차의 브레이크와 같다. 자동차가 빨리 달릴 수 있는 것은 브레이크가 있기 때문이다. 운동(스포츠, 무용, 체육)의 지속적인 발전은 윤리가 필요한 이유이다. 운동의 진선미를 추구할 때 운동의 품격은 향상되고 그것을 하고 있는 인간 역시 품격이 높아진다.

[표 2] 행복한 스포츠의 길

	즐거움	건강	승리	인성
1	쾌락 (pleasure)	Health	승패	세인 (世人)
2	희락 (joy)	Fitness	기록	전인 (全人)
3	열락 (blessedness)	Wellness	의미	성인 (聖人)

[표 2]와 같이 우리가 스포츠에 참가하는 이유도 1단계, 2단계, 3단계의 차이와 깊이가 있다. 우리가 추구하는 행복한 스포츠는 3단계에 가깝다고 할 수 있다. 즐거움에서 행복을 찾아보면 스포츠를 통한 마음의 평화라고 할 수 있는 3단계에 해당한다. 마음의 평화는 고요한 희열이라고도 할 수 있다. 신체 활동적 욕구를 충족하는 쾌락과 성취욕이라고 할 수 있는 희락보다는 고요한 희열이라고 할 수 있는 열락

에 도달하는 것이 행복한 스포츠에 가까이 가는 것
이다.

우리가 추구하는 건강도 '웰니스(wellness)'라는 종합
적 건강을 추구할 때 행복을 얻을 수 있다. 승리에서
행복을 찾는다면 승패와 기록보다는 의미 차원의 승
리를 지향할 때 행복에 가까워진다.

끝으로 스포츠를 통한 인성 함양에서 행복을 찾는
다면 세인과 전인보다는 성인의 단계에서 찾을 수
있을 것이다.

인간은 운동에서 생존의 본능만을 추구하고 만족
하는 것이 아니라 지적이며 심미적, 윤리적, 종교적
인 정신적 가치를 추구하고 찾을 때 비로소 인간이
될 수 있다. 그런 연후에 인간은 행복의 질병에서 벗
어날 수 있다.

■ 참고문헌

강구민(2010). 학생선수의 학습권에 대한 헌법적 함의. 『스포
　　츠와 법』. 13(4), 101~120.

_____(2011). K리그 승부조작과 형사적 책임. 『스포츠와 법』.
　　14(4), 173~197.

강신녀(2011). 「학생선수의 학습권에 대한 인식과 실천: 중학
　　교 태권도 지도자의 사례」. 미간행 석사학위논문. 고
　　려대학교 교육대학원.

강신욱(2004). 체육계 대학생의 선후배간 체벌 실태 조사 및
　　체벌 경험과 대학생활적응의 관계 연구. 『한국체육학
　　회지』. 43(5), 79~90.

고범서(1994). 『행복의 윤리학』. 서울: 나남.

_____(1998). 『포스트모던사회의 사회윤리』. 서울: 소화.

권순용, 나영일, 박일혁, 권성호, 조욱연, 김종호, 주종미(2011).
　　운동선수의 구타 실태와 개선방안. 『한국체육학회지』.
　　50(6), 91~102.

권현수(2011). 체육전공 대학생들의 상징권력 재생산: 부르디
　　외 이론의 상징자본을 중심으로. 『한국스포츠사회학회
　　지』. 24(3), 1~25.

김교헌(1999). 전인적 건강과 시스템이론. 『충남대 사회과학
　　논총』. 제10권, 55~68.

김동현, 윤양진(2010). 학생선수 학습권 보호를 위한 법, 제
　　도적 과제. 『스포츠와 법』. 13(4), 57~81.

김병국(2013). 「스포츠조직의 위기에 대한 언론보도 분석: 국

내 승부조작을 중심으로」. 미간행 석사학위논문. 성균
관대학교 대학원.

김병준(2007). 운동과 행복. 『스포츠과학』. 99, 34~39.

김상겸(2009). 학생선수의 인권과 일반학생의 학습권보장에
관한 연구. 『스포츠와 법』. 12(1), 11~36.

김선종, 신현규(2003). 스포츠폭력에 대한 법적 고찰. 『한국
걷기과학회지』. 1, 87~98.

김영갑, 김동규(2001). 스포츠현장의 체벌과 보상. 『움직임의
철학. 한국체육철학회지』. 9(2), 169~182.

김옥태(2005). 전인건강으로서 영적 건강. 『과학과 문화』. 2(4),
11~19.

김용석(2007). 『철학정원』. 서울: 한겨레출판.

김은영 역(2005). 『헬스의 거짓말』. 서울: 사이언스 북스.

김재원(2005). 폭력을 경험한 운동선수의 정서 상태 분석. 『한
국체육학회지』. 44(2), 133~140.

노재선(2013). 「승부조작과 형사책임 검토」. 미간행 석사학위
논문. 단국대학교 대학원.

류태호(2005). 학원스포츠의 과제와 전망. 『한국스포츠교육학
회지』. 12(2), 91~108.

박상기(2011). 스포츠승부조작과 형사책임. 『스포츠와 법』.
14(3), 217~242.

박은미(2010). 철학상담의 방법론으로서의 비판적 사고교육:
그 적용과 사례를 중심으로. 『시대와 철학』. 21(3),
413~451.

서경화(2009). 스포츠에서 심판의 공정함에 대한 논의. 『움직

임의 철학: 한국체육철학회지』. 17(2), 59~70.

손석정(2013). 스포츠의 승부조작 실태와 그 대처 방안에 관한 연구. 『스포츠와 법』. 16(1), 83~103.

송우엽(2003). 청소년 운동선수의 폭력실태 및 괴롭힘에 대한 심리적 반응연구. 『한국스포츠심리학회지』. 14(1), 109~125.

송형석(2000). 건강의 목적에 대한 철학적 소고. 『한국체육학회지』. 39(1), 97~107.

심향보(2005). 단체종목과 개인종목 운동선수들의 폭력으로 인한 탈진비교. 『한국체육학회지』. 44(4), 261~270.

유광욱(2007). 중, 고등학교 운동선수들이 경험하는 폭력종류 및 폭력원인. 『한국체육학회지』. 46(4), 105~116.

윤상민(2011). 스포츠성폭력의 실태, 규제와 대책. 『스포츠와 법』. 14(1), 59~84.

이남미, 이홍구(2009). 체육대학 신입생 길들이기의 사회문화적 배경 및 문제점과 개선방안. 『한국스포츠사회학회지』. 22(4), 19~43.

이문성, 서경화(2013). 스포츠의 승부조작: 윤리문제와 해결방안. 『움직임의 철학: 한국체육철학회지』. 21(1), 115~125.

이성철(2009). 운동선수의 피학대 경험과 폭력에 대한 태도 및 폭력행동의 관계. 『한국체육학회지』. 48(5), 65~74.

이의주(2013). 「스포츠범죄와 스포츠형사특별법에 관한 연구」. 미간행 박사학위논문. 인천대학교 대학원,

이정환 역(2013). 『면역혁명』. 서울: 부광.

이학준(2007). 체벌대안담론. 『움직임의 철학: 한국체육철학회지』. 14(3), 115~125.

_____(2009a). 학생선수의 학습권 보장: 근거와 대안. 『한국체육학회지』. 48(5), 35~44.

_____(2009b). 『체육공부, 사람됨을 향한 몸부림』. 서울: 한국학술정보.

_____(2010). 『스포츠의 공정한 사회에 기여』. 한국체육학회학술대회.

_____(2012). 체육대학 입시에서 왜 실기시험을 폐지하려고 하는가?. 『스포츠인류학연구』. 7(2), 147~162.

_____(2013). 스포츠폭력과 탈 인습적 사고. 『한국사회체육학회지』. 53(1), 11~20.

_____(2013a). 『장자의 철학과 체육의 문제』. 서울: 북스힐.

_____(2013b). 『놀이로서의 삶, 삶으로서 놀이』. 제51회 한국체육학회 학술대회.

이혁기, 임수원(2010). 학생과 운동을 병행하는 운동과 문화의 사회적 함의. 『한국스포츠사회학회지』. 23(4), 85~105.

이홍구(2011). 체육지도 현장의 폭력근절을 위한 질적연구, 『한국체육정책학회지』, 9(3), 155~170.

임수원(2011). 공부하는 학생선수 만들기의 논리적 근거. 『한국체육학회지』. 50(2), 45~57.

임승엽(2010). 한국스포츠의 비윤리적 현안에 대한 총체적 고찰. 『비교법연구』. 10(3), 101~119.

임용석(2010). 중도탈락 학생운동선수들의 상실과정. 『교육인류학연구』. 13(3), 37~69.

정승재(2012). 스포츠권의 헌법상 지위: 스포츠선수의 학교폭
력실태 및 해결방안과 법 인권교육의 방향을 중심으
로. 『법과 인권교육연구』. 5(3), 69~86.

정재용, 최영래(2010). 사회적 자본의 부정적 측면과 체육특
기자 입시비리: KBS 시사기획 쌈 "코트의 마피아"사
례분석. 『한국체육학회지』. 49(5), 49~59.

정희준(2009). 진화하는 사회, 퇴보하는 스포츠 : 지식사회,
한국 스포츠의 구조적 변화와 자원고갈의 문제. 『스포
츠와 법』. 12(2), 103~120.

주동률(1998). 좋은 삶이란 어떤 것인가?. 『철학연구』. 43(1),
339~370.

최병운(2009). 스포츠폭력의 유형과 대책. 『스포츠와 법』. 12
(4), 257~278.

최윤희, 정용철(2012). 은퇴한 여자핸드볼 선수의 삶에 관한
내러티브. 『한국체육학회지』. 51(6), 83~93.

한승백 외(2009). 권력관계에서 본 스포츠 폭력. 『한국체육과
학회지』. 18(3), 271~282.

함정혜(1997). 중, 고등학교 운동선수의 활동 및 체벌 실태
연구. 『한국체육학회지』. 36(4), 148~162.

함정혜, 박현애(2007). 운동선수에 대한 폭력 피해방지를 위
한 법적, 제도적 방안에 대한 철학적 접근. 『한국여성
체육학회지』. 21(2), 51~62.

현성용 외(2010). 『현대 심리학 입문』. 서울: 학지사.

홍덕기(2008). 「학생선수의 인권에 대한 비판적 담론분석」.

미간행 석사학위논문. 고려대학교 교육대학원.

Downward, P. & Rasciute, S.(2011). Does sport make you happy? An analysis of the well-being derives from sports participation. International Review of Applied Economics. 25(3), 331~348.

Finnis, John(1980). Natural Law and Natural Rights. Oxford University Press.

Fromm, Erich.(1947). Man for himself. New York: Holt, Reinhart and Winster.

Griffin, James(1986). Well-Being: Its Meaning, Measurement and Moral Importance. Oxford University Press.

Jeong, E. S(2002). The status of hazing in south Korean university team sports. Philosophy of Movement: Journal of Korean Philosophic Society for Sport and Dance. 10(2), 131~148.

Parfit, Derek(1984). Reasons and Persons. Oxford University Press.

Rawls, John(1971). 『A Theory of Justice』. 황경식 역(2003). 정의론. 서울: 이학사.

Summer, L. W.,(1996). Welfare, Happiness & Ethics. Oxford University Press.

www.rcms.go.kr

〈신문, 잡지기사〉

경향신문(2014년 4월 2일). 피해선수 父 "쇼트트랙 女선수, 성추행 이렇게 당했다"

뉴시스(2012년 5월 1일). 성대, 국내 첫 체육특기자 완전 공개경쟁.

뉴스천지(2014년 4월 1일). 스포츠 4대악을 넘어서.

머니투데이(2014년 3월 24일). "스포츠 승부조작, 초등학생 때부터 시작된다" 충격

매일경제(2014년 1월 16일). 체육 단체의 비리올림픽.

문화연대 성명서(2004년 11월 16일.) 체육계 폭력과 비리, 이대로 둘 것인가!

문화연대 성명서(2008년 12월 17일). 도를 넘어선 체육계 폭력사태에 대한 철저한 진상규명과 처벌, 그리고 발본적인 대책 마련이 필요하다.

문화일보(2014년 4월 2일). 정부, 사건 터질때만 '요란'.......... 대책 '재탕삼탕'

서울신문(2002년 11월 22일). 한중대 축구부 특기생 입학 파문 확산.

서울신문(2014년 3월 12일). 정부, 체육계 비리 뿌리 뽑겠다는 각오 다져야.

아시아경제(2014년 3월 13일). 체육계의 개혁, 우선순위는 사람이다.

이슈투데이(2014년 1월 23일). 체육계비리, 100번의 제도보다 자정의지가 필요.

영남일보(2014년 2월 24일). 파벌주의의 경고.

폴리뉴스(2014년 3월 12일). 양승호 감독 실형, 야구입시비리로 징역 1년 3개월.

한국경제신문(2014년 2월 4일). 스포츠공정성 제고.

한강타임즈(2014년 3월 24일). 문체부, 스포츠비리 근절 '신고포상금 지급'

한겨레신문(2008년 3월 14일). 체육계 인권향상 협약 체결 조사·징계·인권교육 '함께.

한겨레신문(2008년 5월 17일). 엘리트체육·생활체육 사이 중심잡기 심혈: 수십년 관행 '스포츠폭력' 끈질긴 추적 성과.

한겨레신문(2014년 3월 10일). 체육계만 '출신대학제한' 필요한가.

한겨레신문(2011년 5월 8일). 대학 내 폭력의 뿌리.

SBS뉴스(2014년 3월 7일). '쩐의 전쟁' 된 체육특기생 입시비리, 그 해법은?

SBS뉴스(2014년 4월 3일). 한국스포츠의 숙원 '심판제도' 확 바뀐다.

에필로그

스포츠를 간단하게 표현하면 규칙이다. 규칙은 스
포츠 그 자체의 특성을 말한다. 축구와 농구가 다른
것은 규칙이 다르기 때문이다. 규칙이 공정하지 못한
스포츠는 스포츠가 아니라 유치한 동물들의 몸싸움에
불과하다. 적어도 스포츠라고 말하기 위해서는 공정
한 스포츠가 되어야 한다. 그래야 인간이 하는 스포
츠가 된다.

스포츠는 싸움도 전쟁도 아니다. 사람이 하는 즐거
운 유희적 활동이다. 또한 규칙을 준수하면서 정정당
당하게 신체적 탁월성의 승부를 겨루는 신체활동이
다. 반칙과 승부조작, 도핑 등 스포츠를 오염시키고
왜곡시키는 것들로부터 스포츠를 보호하지 못하면 스
포츠는 더 이상 스포츠가 아닐 뿐만 아니라 존재할
이유도 없다.

우리가 주목해야 하는 것은 스포츠의 타락을 막고 스포츠를 지속적인 인간들의 아름다운 문화로 유지하고 지속하는 일이다. 스포츠가 사라진 삶은 너무 삭막하고 무미건조하다. 생각만 해도 무섭다. 하지만 우리가 경계해야 할 것은 경쟁이 너무 과열되어서 근본 이유를 상실하고 스포츠의 노예가 되는 것이다.

공정하고 행복한 스포츠가 되기 위해서 우리가 해야 할 일은 규칙을 지키며 정정당당하게 스포츠를 하는 것이다. 더 나아가 '정정당당 스포츠코리아'를 만들어 가는 일이다. 쉽지 않은 일이지만 용기를 가지고 실천할 수 있다면 가능하다고 본다. 이를 위하여 개인과 제도의 조화와 균형을 유지하면서 진행할 수 있어야 한다.

공정하지 못한 우리사회를 치유할 수 있는 분야는

체육계라고 할 수 있다. 그 희망은 페어플레이 정신에서 찾을 수 있다. 페어플레이 정신은 공정한 게임을 주장하는 가치이다. 이러한 페어플레이의 가치를 우리 현실에서 실천하여 공정한 게임, 공정사회를 만들어 가야 한다. 우리에게 남은 하나의 숙제이다.

공정한 스포츠와 행복한 스포츠는 인간을 얼굴을 한 스포츠라고도 할 수 있다. '인간을 얼굴을 한 스포츠'는 인간을 위한 스포츠이기도 하다. 현재 스포츠는 인간을 위해 존재하는 것이 아니라 인간이 스포츠를 위해 존재하는 모습이다. 인간이 스포츠의 노예가 되었다고 비유적으로 말할 수 있다.

인간이 만든 스포츠의 노예가 되어서는 더 이상 안 된다. 스포츠는 인간이 만들어낸 문화이기에 인간을 위해 존재하는 것은 너무나 당연하다. 하지만 맹

목적인 기록 추구, 지나친 승리에 집착, 과열된 경쟁, 결과 중심주의에 빠져버린 나머지 인간을 기록, 승리, 결과라는 감옥에 감금시키고 노예로 만들어 가고 있다. 우리가 관심을 가지고 해결해야 할 문제이다.

이를 위해서는 앞의 그림처럼 스포츠 그 자체의 행위에 집중하고 다른 것에 신경을 차단하는 일이다.

일단 외물이라고 할 수 있는 명예, 부, 권력에 대한 관심에서 벗어나고, 성과(승리, 기록, 결과), 평가(타자, 의식, 시선)에서 자유로워지는 것이다. 쉽지 않은 일이다. 이 모든 것을 내려놓아야 한다. 그래야 스포츠의 노예가 되지 않는다.

인간을 위한 스포츠가 되기 위해서는 승자와 패자 모두가 즐거운 공생과 의미를 추구하고, 과정을 소중하게 생각하는 스포츠가 되어야 한다. 이를 위해서 장자(莊子)의 '잊고-놀자'라는 말을 현실에서 실천해 볼 필요가 있다. 승리, 기록, 결과를 잊자는 것은 '초월하고 즐기자'라는 뜻이다. 너무 승리, 기록, 결과의 감옥에서 감시, 억압, 통제를 받게 되면 스포츠는 또 다른 하나의 일이 되고 만다.

◢ 저자 이학준

현) 한국스포츠인류학회 회장
한림대 철학과 졸업, 고려대대학원 체육학과 석사 및 박사,
한림대 한림철학교육연구소 연구조교수

〈저서〉
스포츠와 행복(2002), 스포츠의 사회윤리(2003), 운동선수, 그들만
의 고민(2004), 스포츠 속으로(2004), 영화로 읽는 스포츠(2005), 키
워드로 읽는 스포츠(2007), 장자와 하이데거, 스포츠를 말하다
(2008), 인문체육학의 시선(2009), 대한민국 학생선수를 생각한다
(2010), 운동의 인문학적 사유(2010), 체육공부, 사람됨을 향한 몸
부림(2011), 스포츠로 세상읽기(증보3판)(2012), 체육학 글쓰기(2판):
체육논리 및 논술수업(2012), 장자의 철학과 체육의 문제(2013),
스포츠 삶을 바꾸다(2013), 성찰하는 스포츠(2014), 영화로 만나는
스포츠(2014)

〈공저〉
스포츠의 철학적 이해(1999), 스포츠사회철학 담론(2001), 스포츠반
문화(2005), 스포츠인문학: 새로운 도전과 길 찾기(2008), 역사로
읽는 스포츠(2008), 체육인문학의 창(2009), 이진수 선생의 학문세
계를 탐하다(2010), 스포츠인류학(2012), 웰빙과 운동의 이해(2013)

〈공역〉
스포츠철학(2006)

공정한 스포츠, 행복한 스포츠

초판 인쇄　2014년 12월 22일
초판발행　2014년 12월 31일
저　　자　이 학 준
발 행 인　권 호 순
발 행 처　시간의물레
등　　록　2002년 12월 9일
등록번호　제1-3148호
주　　소　서울시 마포구 마포대로 4다길 3(1층)
전　　화　02-3273-3867, 070-8808-3867
팩　　스　02-3273-3868
전자우편　timeofr@naver.com
블 로 그　http://blog.naver.com/mulretime
홈페이지　http://www.mulretime.com
I S B N　978-89-6511-116-0(93690)
정　　가　10,000원